ALÉSIA, son véritable emplacement

Anatole de Barthélemy

Books On Demand

Alésia, son véritable emplacement / par Anatole de Barthélémy. Barthélemy, Anatole de (1821-1904). Edité par Palmé. Paris - 1867
Copyright © 2021 Anatole de Barthélémy (domaine public)
Édition : BoD - Books on Demand, 12/14 rond-point des Champs-Élysées, 75008 Paris.
Impression : BoD - Books on Demand, Norderstedt, Allemagne.
ISBN : 9782322254231
Dépôt légal : mars 2021
Tous droits réservés

ALÉSIA, son véritable emplacement

Anatole de Barthélemy

Lorsque le directeur de la *Revue des questions historiques* me témoigna le désir de voir traiter par moi la question d'ALÉSIA, je ne pus me défendre d'une certaine appréhension, et je le lui avouai. Il y a trop longtemps que l'on s'occupe d'*Alésia* ; à propos de cet *oppidum*, on a imprimé un grand nombre d'articles, de dissertations, de brochures, voire même de volumes ; en un mot, on a, dans tous les formats, parlé avec tant d'insistance de cette localité antique, qu'il me semblait téméraire de venir, de nouveau, obliger les personnes qui aiment les sujets sérieux à s'arrêter encore quelques instants sur ce problème historique. Moi-même, il y a trois ans, ne me suis-je pas permis d'avancer qu'à force de parler d'Alise et d'Alaise, de traduire et de torturer les mêmes textes, de présenter et de reproduire les mêmes arguments, on avait atteint un résultat qui fait revivre involontairement certains souvenirs du collège. J'ajoutais que l'on était parvenu à envelopper un épisode important de notre histoire nationale de ce brouillard importun qui voile les beautés des vers de Virgile donnés en pensum[1].

Depuis cette époque, cependant, il s'est encore révélé plusieurs Alésia.

Si je m'enhardis à satisfaire au voeu formulé par le directeur de cette Revue, c'est que, si je ne m'abuse étrangement, nous sommes enfin arrivés au moment où la discussion peut et doit être close. Il n'y a plus de textes à découvrir ni à traduire; les archéologues ont fouillé le sol antique : ils l'ont forcé à restituer les témoignages palpables d'un autre temps qu'il recélait depuis plusieurs siècles ; on s'est attaqué et défendu, en oubliant trop souvent la modération qui doit régner dans tout débat académique. Le combat a fini, non pas faute de combattants, mais, s'il m'est permis de le dire, faute de munitions. Chez les acteurs, je ne crois pas qu'il ait en de modifications dans les convictions prises comme point de départ; chez les spectateurs de cette joute, il y a en peut être un peu plus de doutes; le public ne se préoccupe plus de ce qui est déjà devenu de l'histoire ancienne, et le champ est resté libre à la science.

Il est donc temps de récapituler ce que celle-ci a gagné à tout ce bruit ; d'examiner rapidement chacun des systèmes proposés ; de conclure enfin en faveur de celui qui semble réunir la plus respectable somme de probabilités. Je vais essayer de le faire impartialement.

Peu m'importe, en effet, personnellement, où fut jadis Alésia. Si quelque chose pouvait me passionner dans ce débat, ce ne serait certes pas la satisfaction d'amour-propre de déterminer le lieu où César réduisit Vercingétorix à se dévouer, volontairement, à l'inhumanité de son vainqueur pour racheter ses

---

[1] *Revue archéologique*, nouvelle série, t. VIII, p. 380.

compatriotes ; ce serait plutôt la solennité de ce dernier épisode d'une lutte dans laquelle s'écroulait une grande nationalité.

Dernièrement, dans ce recueil même, je confessais très franchement ne formuler aucun voeu en faveur d'un retour vers la forme sociale qui était la France avant la Révolution de la fin du siècle dernier[1] : or, je ne suis pas plus gaulois que féodal. Mais je me plais à rechercher, dans les transformations politiques de mon pays, la marche séculaire et providentielle des événements; à admirer ce qu'il s'y mêla presque toujours de grand et de généreux. Je me plais à lire les grandes pages burinées dans l'histoire par les Capétiens, les Carolingiens, les Francs du Ve au VIIIe siècle, et les Gaulois avant la *romanisation*. En ce qui concerne ces derniers, je constate que pendant l'annexion de la Gaule à l'empire romain, notre patrie ne fut grande que dans les moments de révolte nationale. La Gaule dut à l'Invasion romaine une civilisation, — c'est la formule usitée, — dont le résultat fut la décadence morale : la nouvelle métropole était atteinte d'un mal contagieux. Il y eut chez les Gallo-romains le luxe de l'ancien monde; mais tout ce qui était généreux, tout ce qui constituait le caractère d'un peuple, s'effaça rapidement: le sentiment national, l'amour de la patrie, les vieilles croyances religieuses, la dignité personnelle. On vit les fils des chefs qui avaient combattu contre les légions se parer du nom même du vainqueur ; la génération suivante briguait la dignité sénatoriale, et les statues des dieux de Rome, affublés de surnoms et parfois de costumes gaulois, se multiplièrent dans un pays à qui ses antiques doctrines religieuses défendaient de prendre au sérieux cette armée bigarrée d'immortels.

Il fallut que la race franque vint régénérer le sang gaulois de la Manche aux Alpes, du Rhin aux Pyrénées, pour que ce vaste pays put reprendre en Occident le rang qu'il occupe depuis mille ans ; c'est ce glorieux héritage que notre génération, plutôt ignorante du passé qu'ingrate et oublieuse, a mission de transmettre aux générations de l'avenir.

En tête de ces pages, dont l'ensemble forme notre livre d'or national, apparaît Vercingétorix Au moment suprême, il ferme l'oreille aux promesses séduisantes qui l'avaient d'abord tenté, et devient le chef d'une nation armée[2] pour défendre ses foyers contre l'étranger, contre les Romains guidés par César, à qui il faut, avec de l'or, la gloire militaire, c'est-à-dire le prestige indispensable à la réalisation des grands projets qu'il médite pour dominer dans sa propre patrie Vercingétorix succombe, moins encore par le fait d'armées rompues aux opérations militaires, que par la division adroitement mise parmi ses compagnons d'armes. Il ne faut pas avoir feuilleté l'histoire pour reconnaître que la diplomatie fut toujours l'indispensable auxiliaire des légions romaines. Vercingétorix tomba noblement, se sacrifiant à la dernière heure, confiant dans la générosité de son vainqueur qui, on ne sait trop pourquoi, ternit sa gloire en le faisant froidement mourir après une longue captivité.

Mais revenons au sujet que je dois traiter, à la *question d'Alésia*. La personnalité de Vercingétorix n'est ici, par le fait, qu'un détail sur lequel j e n'ai pas à insister.

---

[1] *Revue des questions historiques*, t. I, p. 122.
[2] J'ai lu quelque part que la lutte des Gaulois contre les Romains, à ce moment, avait été une insurrection populaire. Quelque modification que subisse notre langue, je ne crois pas que l'on puisse qualifier ainsi la levée en masse d'une nation autonome pour détendre son indépendance. Les insurgés sont ceux qui se révoltent contre un maître, et la Gaule n'était pas encore soumise.

De la polémique scientifique dont je parlais plus haut ; il ressort une vérité et une leçon. — La vérité, la voici :

C'est qu'il est très difficile, même pour les érudits qui habitent le pays, de déterminer avec certitude l'emplacement de la plupart des localités antiques signalées par les historiens. Voyez *Gernabum*, *Uxellodunum*, cet oppidum dont le siége et la position topographique sont décrits minutieusement[1] ; voyez Bibracte, dont la *Revue des questions historiques* s'est déjà occupée.

Quant à la leçon, chacun la connaît ; mais un petit nombre en profite. C'est que l'histoire et l'archéologie sont des sciences parfaitement inutiles, lorsque ceux qui s'y adonnent ne prennent pas, avec leur conscience, un strict et double engagement : en premier lieu, de revenir franchement sur une opinion adoptée d'abord de bonne foi ; ensuite de reconnaître loyalement son erreur si, ce qui arrive trop souvent, on a confondu un moment l'apparence avec la réalité. J'ajouterai que, en pareille matière, l'amour-propre de clocher est un écueil à éviter quand il est assez violent pour influencer le jugement. Les efforts que j'ai vu faire quelquefois pour enrichir, *per fas et nefas*, une province d'un souvenir historique, me semblent être aussi puérils que la maladie morale de certains individus qui cherchent à se faire descendre d'hommes illustres parfaitement étrangers à leur sang.

Je diviserai mon étude en deux parties : dans la première, je donnerai in extenso et par ordre chronologique tous les textes dans lesquels il est question des *Mandubii* et d'*Alésia* leur capitale[2]. Je proposerai, de ces textes, une traduction que je m'efforcerai de rendre plutôt fidèle qu'élégante, et j'examinerai leur valeur au point de vue historique. Dans la seconde partie, après avoir donné une idée de chacun des systèmes relatifs à l'emplacement d'*Alésia*, je discuterai les points qui me paraissent offrir des éléments pour la solution du problème, et je conclurai.

J'ose espérer qu'ainsi, ceux qui auront la patience et la bienveillance de lire ces pages pourront se faire une opinion, sans avoir à compulser des ouvrages qui ne sont pas dans toutes les bibliothèques particulières, sans perdre un temps qui peut être mieux employé, en feuilletant ces innombrables brochures publiées depuis dix années, et dont la simple énumération bibliographique occuperait plusieurs pages.

A ce sujet, je dois avouer que je ne prétends nullement analyser chacun des trop nombreux fascicules que j'ai dû lire, et dont plus de la moitié auraient pu, sans grand inconvénient, rester inédits. Si nous en croyons Diodore de Sicile, le langage de nos ancêtres était concis et figuré. Le Gaulois de nos jours est bien différent : il est ainsi fait qu'aussitôt une discussion est entamée, il lui est impossible de garder le silence. Sans étude préalable, sans expérience

---

[1] L'emplacement d'Uxellodunum, disputé entre Cahors, Puy-l'évêque, Uzerche, Ussel, Capdenac, Luzech et Puy-d'Issolu, paraît être, quant à présent, officiellement fixé dans cette dernière localité. Je dois avouer que, pour admettre cette assimilation, il faut faire abstraction complète du texte des Commentaires qui, au contraire, sont parfaitement applicables à Luzech. Le seul argument en faveur de Puy-d'Issolu est la présence d'une fontaine qui n'a pas été retrouvée à Luzech. Peut-être faudrait-il chercher encore si on ne trouverait pas dans les nombreuses collines de l'ancien pays de *Cadurci* un autre emplacement pour Uxellodunum, j'ai ouï dire que cette recherche est nécessitée et favorisée par la constitution topographique de cette région. En ce qui me concerne personnellement, j'avoue que Puy-d'Issolu ne me satisfait pas complètement.

[2] Je crois que cet ensemble peut être très utile en empruntant une phrase dans un auteur, quelques mots dans un autre, on peut tromper le lecteur et se faire illusion a soi-même.

scientifique, poussé par le désir impérieux de donner son avis, on voit le premier venu intervenir de la voix ou de la plume. Le besoin de parler de ce que l'on ne sait guère et quelquefois de ce que l'on ne sait pas du tout, permet de répéter à satiété des arguments déjà présentés et réfutés, de traduire des textes de manière à faire regretter que les examens du baccalauréat ès lettres ne soient pas plus sévères. Les militaires deviennent philologues ; les professeurs font de la stratégie. Le public finit par ne plus rien comprendre à cette confusion des langues ; il se fatigue, et se détourne en souriant de ce qu'il croyait être la science.

I

I

Le plus ancien auteur qui ait parlé d'Alésia est César : je ne crois pas utile d'exposer longuement toute l'autorité qui s'attache à son récit. Si on peut lui faire un reproche, c'est d'avoir été parfois trop avare de détails. La *guerre des Gaules* n'est pas, à mon avis, une oeuvre composée au jour le jour, pendant les campagnes qui en font le sujet. Ce sont des mémoires rédigés, plusieurs années après les événements, sur des notes et des souvenirs. C'est ce qui explique les lacunes qui parfois peuvent y être signalées, le vague qui règne dans les transitions entre certains événements; les précautions prises par l'auteur pour dissimuler des fautes ou des échecs dans un livre qu'il léguait à la postérité.

J'ai emprunté largement, au point de vue du texte latin et de la traduction, à l'édition de MM. le général Creuly et Alexandre Bertrand[1] : il m'a semblé que je ne pouvais espérer mieux faire que ces savants, comme exactitude et correction.

Sa cavalerie mise en déroute, Vercingétorix retira l'armée des positions qu'il lui avait fait prendre sur le front de ses camps, et se dirigea aussitôt vers Alésia, oppidum des Mandubii, en laissant l'ordre aux bagages de décamper et de le suivre promptement. César, après avoir établi son convoi sur une hauteur voisine, avec deux légions de garde, poursuivit l'armée gauloise tant que dura le jour, lui tua environ trois mille hommes de l'arrière-garde, et campa le lendemain sous Alésia. Ayant reconnu le site de la ville, et voyant les ennemis démoralisés par l'échec de leur cavalerie, la partie de leur armée sur laquelle ils comptaient le plus, il exhorta ses troupes au travail et fit commencer la contrevallation[2].

---

[1] *Jules César, Guerre des Gaules*, t. I, p 470 et sqq. Didier, 1865.
[2] Fugato omni equitatu Vercingetorix copias, ut pro castris collocauerat, reduxit protinusque Alesiam, quod est oppidum Mandubiorum, iter facere coepit celeriterque impedimenta ex castris educi et se subsequi iussit. Caesar impedimentis in proximum collem deductis, duabus legionibus praesidio relictis, secutus quantum diei tempus est passum, circiter tribus milibus hostium ex nouissimo agmine interfectis altero die ad Alesiam castra fecit. Perspecto urbis situ perterritisque hostibus, quod eius copiarum, qua maxime parte exercitus confidebant, erant pulsi, adhortatus ad laborem milites circummuallare instituit. — *Voyant toute sa cavalerie en fuite, Vercingétorix fit rentrer les troupes qu'il avait rangées en avant du camp, et prit aussitôt le chemin d'Alésia, qui est une ville des Mandubii, après avoir fait, en toute hâte, sortir du camp les bagages, qui le suivirent. César laissa ses équipages sur un coteau voisin, les commit à la garde de deux légions, poursuivit l'ennemi tant que le jour dura, lui tua environ trois mille hommes de l'arrière-garde, et campa le lendemain devant Alésia. Ayant reconnu la situation de la ville, et voyant les ennemis consternés*

Alésia était située sur le sommet d'une colline tellement élevée qu'il ne semblait pas possible de prendre cette place autrement que par un blocus. Deux rivières, une de chaque côté, baignaient le pied de la colline. Devant la ville s'étendait une plaine d'environ trois mille pas de long; sur ses autres faces, des collines de pareille hauteur l'entouraient h petite distance. L'armée gauloise couvrait sous les murs de la place, tout le versant oriental, qu'elle avait fortifié d'un mur en pierres sèches de six pieds de haut, avec fossé. La contrevallation entreprise par l'armée romaine avait onze mille pas de circuit. Les camps étaient placés aux points favorables et accompagnés de vingt rois redoutés, ou, en prévision de brusques sorties, se tenaient des postes pendant le jour, et, la nuit, de forts détachements et des sentinelles[1].

Pendant les premiers travaux de siége, il y eut un combat de cavalerie dans la plaine qui, ainsi que nous l'avons dit ci-dessus, interrompait la ceinture des collines sur une étendue de trois mille pas.

La lutte fut vaillamment soutenue des deux côtés ; à la fin, les nôtres ayant le dessous, César lança les Germains et rangea les légions devant les camps, de crainte que l'infanterie gauloise ne tentât une attaque subite. La vue des légions ranima l'ardeur de nos cavaliers ; l'ennemi est enfin forcé de fuir vers son camp, et ne pouvant en passer les étroites portes encombrées par la foule, il se masse en dehors. Les Germains qui l'ont suivi jusque-là, l'épée dans les reins, en font un grand carnage : quelques Gaulois, abandonnant leurs chevaux, s'efforcent de franchir le fossé et le mur. En même temps César faisait avancer un peu les légions qu'il avait rangées devant ses retranchements. Ce mouvement porte le trouble jusque dans le camp des Gaulois; ils croient qu'on marche immédiatement à eux et crient aux armes. Il y en eut même qui, saisis d'effroi, se jetèrent dans la ville, mais Vercingétorix en fit fermer les portes, pour empêcher l'abandon du camp. Les Germains, après avoir tué nombre d'ennemis, rentrèrent dans nos lignes avec les chevaux pris dans l'affaire[2].

Vercingétorix avant que nos lignes ne soient fermées, prit le parti de renvoyer les cavaliers dès la nuit suivante. Il leur dit de retourner chacun dans son pays et d'appeler aux armes tous les hommes en âge de combattre ; il leur rappela ses services, les conjura de ne pas l'abandonner, de ne pas livrer à la vengeance des

---

de la défaite de leur cavalerie, qu'ils regardaient comme la principale force de leur armée, il exhorta les siens au travail et fit commencer les lignes de circonvallation. (De Belle Gal., I. VII, 68)

[1] Ipsum erat oppidum Alesia in colle summo admodum edito loco, ut nisi obsidione expugnari non posse uideretur; cuius collis radices duo duabus ex partibus flumina subluebant. Ante id oppidum planities circiter milia passuum tria in longitudinem patebat: reliquis ex omnibus partibus colles mediocri interiecto spatio pari altitudinis fastigio oppidum cingebant. Sub muro, quae pars collis ad orientem solem spectabat, hunc omnem locum copiae Gallorum compleuerant fossamque et maceriam sex in altitudinem pedum praeduxerant. Eius munitionis quae ab Romanis instituebatur circuitus XI milia passuum tenebat. Castra opportunis locis erant posita ibique castella uiginti tria facta, quibus in castellis interdiu stationes ponebantur, ne qua subito eruptio fieret: haec eadem noctu excubitoribus ac firmis praesidiis tenebantur (*Ibid.*, 69)

[2] Opere instituto fit equestre proelium in ea planitie, quam intermissam collibus tria milia passuum in longitudinem patere supra demonstrauimus. Summa ui ab utrisque contenditur. Laborantibus nostris Caesar Germanos summittit legionesque pro castris constituit, ne qua subito irruptio ab hostium peditatu fiat. Praesidio legionum addito nostris animus augetur: hostes in fugam coniecti se ipsi multitudine impediunt atque angustioribus portis relictis coaceruantur. Germani acrius usque ad munitiones sequuntur. Fit magna caedes: nonnulli relictis equis fossam transire et maceriam transcendere conantur. Paulum legiones Caesar quas pro uallo constituerat promoueri iubet. Non minus qui intra munitiones erant perturbantur Galli: ueniri ad se confestim existimantes ad arma conclamant; nonnulli perterriti in oppidum irrumpunt. Vercingetorix iubet portas claudi, ne castra nudentur. Multis interfectis, compluribus equis captis Germani sese recipiunt (*Ibid.*, 70)

ennemis celui qui avait tant fait pour la liberté commune ; il excita leur zèle en montrant qu'avec lui périraient quatre-vingt mille hommes d'élite, et qu'il avait seulement pour trente jours de vivres, ou un peu plus en les ménageant. Ces instructions données, il fit sortir sans bruit sa cavalerie, à la seconde veille, par la trouée de nos ouvrages. Ensuite il ordonna que tout le blé lui fût remis, sous peine de mort ; il distribua, par homme, le nombreux bétail ramassé par les Mandubii ; il établit pour le blé, des distributions à ration réduite; enfin il fit rentrer dans la place toutes les troupes qu'il avait au dehors. C'est ainsi qu'il se mit en mesure de résister jusqu'à l'arrivée des secours1.

Informé de ces faits par les déserteurs et les prisonniers, César organisa comme il suit ses retranchements. On fit d'abord un fossé de vingt pieds, à parois droites, c'est-à-dire ayant la même largeur au fond qu'à l'ouverture, et tracé à quatre cents pieds en avant de tous les autres ouvrages, dans le but d'empêcher que des lignes si étendues et si difficiles à garnir de soldats sur tout leur développement, ne fussent attaquées de nuit à l'improviste, ou que le jour, nos travailleurs n'y fussent exposés aux projectiles ennemis. Les ouvrages en arrière se composaient de deux fossés de quinze pieds de large et d'égale profondeur, ouverts dans les terrains bas de la plaine, dont le plus en dedans fut rempli d'eau amenée de la rivière voisine, et derrière lesquels on éleva un rempart de douze pieds d'escarpe. Celui-ci fut surmonté d'un parapet crénelé, projetant, à sa jonction avec le terre-plein, de grands rameaux fourchus, propres à gêner l'escalade. Enfin tout le retranchement fut renforcé de trous espacés de quatre-vingts pieds2.

Comme il fallait en même temps envoyer au loin pour le bois et les vivres, et trouver, malgré l'absence des troupes ainsi occupées, les bras nécessaires à de Si vastes travaux, sans cesser de faire tête aux Gaulois qui souvent venaient tâter nos ouvrages en faisant de vigoureuses sorties par plusieurs portes de la ville, César crut devoir ajouter encore à la force de la contrevallation, afin de pouvoir la défendre avec moins de monde. On prit donc des troncs d'arbres garnis de fortes branches, dont les bouts furent écorcés et taillés en pointe aiguë ; puis l'on ouvrit des tranchées continues de cinq pieds en profondeur, où ces bois furent plantés, les branches en saillie, et assez solidement fixés à la

---

1 Vercingetorix, priusquam munitiones ab Romanis perficiantur, consilium capit omnem ab se equitatum noctu dimittere. Discedentibus mandat ut suam quisque eorum ciuitatem adeat omnesque qui per aetatem arma ferre possint ad bellum cogant. Sua in illos merita proponit obtestaturque ut suae salutis rationem habeant neu se optime de communi libertate meritum in cruciatum hostibus dedant. Quod si indiligentiores fuerint, milia hominum delecta octoginta una secum interitura demonstrat. Ratione inita se exigue dierum triginta habere frumentum, sed paulo etiam longius tolerari posse parcendo. His datis mandatis, qua opus erat intermissum, secunda uigilia silentio equitatum mittit. Frumentum omne ad se referri iubet; capitis poenam eis qui non paruerint constituit: pecus, cuius magna erat copia ab Mandubiis compulsa, uiritim distribuit; frumentum parce et paulatim metiri instituit; copias omnes quas pro oppido collocauerat in oppidum recepit. His rationibus auxilia Galliae exspectare et bellum parat administrare (Ibid., 71)

2 Quibus rebus cognitis ex perfugis et captiuis, Caesar haec genera munitionis instituit. Fossam pedum uiginti directis lateribus duxit, ut eius fossae solum tantundem pateret quantum summae fossae labra distarent. Reliquas omnes munitiones ab ea fossa pedes quadringentos reduxit, {id} hoc consilio, quoniam tantum esset necessario spatium complexus, nec facile totum corpus corona militum cingeretur, ne de improuiso aut noctu ad munitiones hostium multitudo aduolaret aut interdiu tela in nostros operi destinatos conicere possent. Hoc intermisso spatio duas fossas quindecim pedes latas, eadem altitudine perduxit, quarum interiorem campestribus ac demissis locis aqua ex flumine deriuata compleuit. Post eas aggerem ac uallum duodecim pedum exstruxit. Huic loricam pinnasque adiecit grandibus ceruis eminentibus ad commissuras pluteorum atque aggeris, qui ascensum hostium tardarent, et turres toto opere circumdedit, quae pedes LXXX inter se distarent (Ibid., 72)

base pour ne pouvoir être arrachés ; ils formaient cinq rangs, étaient contigus, entrelacés, et c'était un obstacle tel qu'on ne pouvait essayer de le franchir sans s'y enferrer on appelait cela des cippes. En avant, disposés par rangs obliques en quinconce, des trous furent creusés sur trois pieds de profondeur et sur un diamètre successivement réduit de haut en bas. Dans chacun d'eux, un pieu rond de la grosseur de la cuisse, le bout aiguisé et durci au feu était descendu de manière à ne pas montrer sa pointe de plus de quatre doigts au-dessus du sol ; on le fixait solidement en l'entourant de terre battue, sur un pied de hauteur a partir du fond, et, pour cacher ce piége, le reste de l'excavation était recouvert de broussailles. Ces trous formaient huit lignes consécutives à trois pieds de distance on les appelait des lis, d'après leur ressemblance de forme avec la fleur de ce nom. En avant encore, on sema tout le terrain, à petits intervalles, de piquets d'un pied de long, entièrement enfoncés en terre, et armés de pointes en fer barbelées qu'on appelait aiguillons[1].

Après l'achèvement de ces ouvrages[2], César, traçant une ligne de quatorze milles sur les terrains les plus favorables eu égard à la nature des lieux, y fit exécuter un retranchement de même genre, mais tourné contre l'ennemi extérieur, afin que nos campements ne puissent pas être pris à revers, même par une grande armée, s'il en arrivait une par suite du départ de la cavalerie gauloise. Voulant, d'ailleurs, éviter des excursions qui pourraient devenir dangereuses, il ordonna de s'approvisionner partout d'un mois de fourrages et de grain.

---

[1] Erat eodem tempore et materiari et frumentari et tantas munitiones fieri necesse deminutis nostris copiis quae longius ab castris progrediebantur: ac non numquam opera nostra Galli temptare atque eruptionem ex oppido pluribus portis summa ui facere conabantur. Quare ad haec rursus opera addendum Caesar putauit, quo minore numero militum munitiones defendi possent. Itaque truncis arborum aut admodum firmis ramis abscisis atque horum delibratis ac praeacutis cacuminibus perpetuae fossae quinos pedes altae ducebantur. Huc illi stipites demissi et ab infimo reuincti, ne reuelli possent, ab ramis eminebant. Quini erant ordines coniuncti inter se atque implicati; quo qui intrauerant, se ipsi acutissimis uallis induebant. Hos cippos appellabant. Ante quos obliquis ordinibus in quincuncem dispositis scrobes tres in altitudinem pedes fodiebantur paulatim angustiore ad infimum fastigio. Huc teretes stipites feminis crassitudine ab summo praeacuti et praeusti demittebantur, ita ut non amplius digitis quattuor ex terra eminerent; simul confirmandi et stabiliendi causa singuli ab infimo solo pedes terra exculcabantur, reliqua pars scrobis ad occultandas insidias uiminibus ac uirgultis integebatur. Huius generis octoni ordines ducti ternos inter se pedes distabant. Id ex similitudine floris lilium appellabant. Ante haec taleae pedem longae ferreis hamis infixis totae in terram infodiebantur mediocribusque intermissis spatiis omnibus locis disserebantur; quos stimulos nominabant. (*Ibid.*, 73)

[2] His rebus perfectis regiones secutus quam potuit aequissimas pro loci natura quattuordecim milia passuum complexus pares eiusdem generis munitiones, diuersas ab his, contra exteriorem hostem perfecit, ut ne magna quidem multitudine, si ita accidat, munitionum praesidia circumfundi possent; ac ne cum periculo ex castris egredi cogatur, dierum triginta pabulum frumentumque habere omnes conuectum iubet (*Ibid.*, 74)

Pendant que ces choses se passaient devant Alésia[1], le conseil des chefs gaulois résolut de ne prendre dans chaque pays qu'un contingent limité, au lieu d'appeler, comme le voulait Vercingétorix, la totalité des hommes en état de porter les armes, et cela par crainte de ne pouvoir établir l'ordre et la discipline dans une telle foule, ni lui procurer des vivres. Il fut commandé aux Hædui et à leurs clients les Ségusiavi, les Ambivareti, les Aulerci Brannovices et les Blannovii, trente-cinq mille hommes ; pareil nombre aux Arverni, en y joignant les Cadurci-Eleutheri, les Gabali et les Vellavi, qui sont ordinairement sous leur dépendance ; aux Sequani, aux Senones, aux Bituriges, aux Santones, aux Ruteni, aux Carnutes, douze mille ; aux Bellovaci, dix mille; autant aux Lemovici ; huit mille aux Pictones, aux Turones, aux Pansu et aux Helvetii ; cinq mille aux Eburones, aux Ambiani, aux Mediomatrici, aux Petrocorii, aux Nervii, aux Morini, aux Nitiobriges ; autant aux Aulerci-Cenomani ; quatre mille aux Atrébates ; trois mille aux Veliocassi, aux Lexovii et aux Aulerci-Eburovices ; trois mille aux Rauraci et aux Boii réunis ; six mille aux peuples des côtes de l'Océan, connus sous le nom d'Armoricani, et au nombre desquels sont les Curiosolites, les Redones, les Ambibares, les Caletes, les Osismii, les Lémovices, les Venetes, les Unelli. Les Bellovaci seuls ne complétèrent pas leur nombre, voulant, disaient-ils, faire la guerre aux Romains pour leur compte, à leur bon plaisir, et n'entendant se mettre sous les ordres de personne. Toutefois, à la prière de Commius, leur hôte, ils envoyèrent deux mille hommes avec ses troupes.

Ce Commius[2], les années précédentes, ainsi qu'il a été rapporté plus haut, avait utilement et fidèlement servi César en Bretagne : en récompense, celui-ci avait affranchi sa *civitas*, lui avait rendu ses lois, et lui avait adjoint les Morini mais l'empressement de tous les Gaulois à reconquérir leur liberté et leur ancien renom militaire était si grand, en cette circonstance, que ni la reconnaissance ni l'amitié ne pouvaient plus rien sur eux. Vouant au succès de cette guerre leurs

---

1 Dum haec apud Alesiam geruntur, Galli concilio principum indicto non omnes eos qui arma ferre possent, ut censuit Vercingetorix, conuocandos statuunt, sed certum numerum cuique ex ciuitate imperandum, ne tanta multitudine confusa nec moderari nec discernere suos nec frumentandi rationem habere possent. Imperant Aeduis atque eorum clientibus, Segusiauis, Ambiuaretis, Aulercis Brannouicibus, Blannouiis, milia XXXV; parem numerum Aruernis adiunctis Eleutetis, Cadurcis, Gabalis, Vellauiis, qui sub imperio Aruernorum esse consuerunt; Sequanis, Senonibus, Biturigibus, Santonis, Rutenis, Carnutibus duodena milia; Belloacis X; totidem Lemouicibus; octona Pictonibus et Turonis et Parisiis et Heluetiis; {Suessionibus,} Ambianis, Mediomatricis, Petrocoriis, Neruiis, Morinis, Nitiobrigibus quina milia; Aulercis Cenomanis totidem; Atrebatibus {IIII milibus}; Veliocassis, Lexouiis et Aulercis Eburouicibus terna; Rauracis et Boiis bina; {XXX milia} uniuersis ciuitatibus, quae Oceanum attingunt quaeque eorum consuetudine Armoricae appellantur, quo sunt in numero Curiosolites, Redones, Ambibarii, Caletes, Osismi, Veneti, Lemouices, Venelli. Ex his Bellouaci suum numerum non compleuerunt, quod se suo nomine atque arbitrio cum Romanis bellum gesturos dicebant neque cuiusquam imperio obtemperaturos; rogati tamen ab Commio pro eius hospitio duo milia una miserunt. (*Ibid.*, 75)

2 Huius opera Commi, ut antea demonstrauimus, fideli atque uti superioribus annis erat usus in Britannia Caesar; quibus ille pro meritis ciuitatem eius immunem esse iusserat, iura legesque reddiderat atque ipsi Morinos attribuerat. Tamen tanta uniuersae Galliae consensio fuit libertatis uindicandae et pristinae belli laudis recuperandae, ut neque beneficiis neque amicitiae memoria mouerentur, omnesque et animo et opibus in id bellum incumberent. Coactis equitum VIII milibus et peditum circiter CCL haec in Aeduorum finibus recensebantur, numerusque inibatur, praefecti constituebantur. Commio Atrebati, Viridomaro et Eporedorigi Aeduis, Vercassiuellauno Aruerno, consobrino Vercingetorigis, summa imperi traditur. His delecti ex ciuitatibus attribuuntur, quorum consilio bellum administraretur. Omnes alacres et fiduciae pleni ad Alesiam proficiscuntur, neque erat omnium quisquam qui aspectum modo tantae multitudinis sustineri posse arbitraretur, praesertim ancipiti proelio, cum ex oppido eruptione pugnaretur, foris tantae copiae equitatus peditatusque cernerentur. (*Ibid.*, 76)

bras et leurs fortunes, ils parvinrent ainsi à réunir environ deux cent quarante mille hommes d'infanterie et huit mille cavaliers. Le rendez-vous général était sur le territoire des Hædui, où ces forces furent dénombrées et soumises à des chefs. L'Atrébate Commius, les Eduens Eporedorix et Viridomare, l'Arverne Vercassivelaunus, cousin de Vercingétorix, furent revêtus du commandement supérieur, avec un conseil composé des représentants des *civitates*. Cette armée partit pour Alésia pleine d'ardeur et de confiance ; chacun était convaincu que les Romains ne pourraient tenir devant de telles masses, surtout lorsque, déjà engagés dans un combat avec la garnison, ils verraient paraître sur leurs derrières toute cette cavalerie et cette infanterie.

Les assiégés d'Alésia[1], de leur côté, voyant que l'époque à laquelle ils attendaient les secours était passée, ayant d'ailleurs consommé leur provision de blé, et ne sachant ce qui se passait chez les Hædui, se rassemblèrent en conseil pour délibérer sur le parti à prendre. Parmi les opinions qui furent émises, les unes pour se rendre, les autres pour essayer une sortie pendant qu'on en avait encore la force, le discours de Critognatus, Arverne d'une haute naissance, et fort considéré dans son pays, mérite d'être rapporté à cause de son exécrable conclusion...

Les opinions recueillies, on décida de renvoyer les individus que leur santé ou leur âge rendaient impropres à la guerre, et d'essayer de tout avant d'en venir au moyen proposé par Critognatus, se réservant de suivre cet avis, dans le cas où le retard des secours y obligerait, plutôt que de se rendre et de subir la paix. Les Mandubii qui avaient reçu les Gaulois dans leur oppidum furent forcés d'en sortir avec femmes et enfants. Ces malheureux en approchant de nos lignes, nous suppliaient en pleurant de les recevoir comme esclaves et de leur donner à manger, mais César fit mettre des gardes sur le rempart pour empêcher qu'on ne les accueillit[2].

Cependant l'armée de secours[3], commandée par Commius et les autres chefs, arrive devant Alésia et s'établit sur l'une des collines extérieures, à mille pas au plus de nos ouvrages. Le lendemain leur cavalerie sortit du camp et vint occuper, dans toute son étendue, la plaine de trois mille pas dont nous avons parlé,

---

[1] At ei, qui Alesiae obsidebantur praeterita die, qua auxilia suorum exspectauerant, consumpto omni frumento, inscii quid in Aeduis gereretur, concilio coacto de exitu suarum fortunarum consultabant. Ac uariis dictis sententiis, quarum pars deditionem, pars, dum uires suppeterent, eruptionem censebat, non praetereunda oratio Critognati uidetur propter eius singularem et nefariam crudelitatem... (*Ibid.*, 77) — Je n'ai pas cru utile de reproduire toi ce discours plus ou moins authentique de Critognatus qui ne proposait rien moins que de se nourrir des individus ne pouvant concourir à la défense.
[2] Sententiis dictis constituunt ut ei qui ualetudine aut aetate inutiles sunt bello oppido excedant, atque omnia prius experiantur, quam ad Critognati sententiam descendant: illo tamen potius utendum consilio, si res cogat atque auxilia morentur, quam aut deditionis aut pacis subeundam condicionem. Mandubii, qui eos oppido receperant, cum liberis atque uxoribus exire coguntur. Hi, cum ad munitiones Romanorum accessissent, flentes omnibus precibus orabant, ut se in seruitutem receptos cibo iuuarent. At Caesar dispositis in uallo custodibus recipi prohibebat. (*Ibid.*, 78).
[3] Interea Commius reliquique duces quibus summa imperi permissa erat cum omnibus copiis ad Alesiam perueniunt et colle exteriore occupato non longius mille passibus ab nostris munitionibus consident. Postero die equitatu ex castris educto omnem eam planitiem, quam in longitudine tria milia passuum patere demonstrauimus, complent pedestresque copias paulum ab eo loco abditas in locis superioribus constituunt. Erat ex oppido Alesia despectus in campum. Concurrunt his auxiliis uisis; fit gratulatio inter eos, atque omnium animi ad laetitiam excitantur. Itaque productis copiis ante oppidum consident et proximam fossam cratibus integunt atque aggere explent seque ad eruptionem atque omnes casus comparant. (*Ibid.*, 79)

pendant que leur infanterie se tenait un peu plus loin sur les hauteurs. D'Alésia on découvrait la plaine en voyant ces secours, les assiégés se rassemblent, se félicitent mutuellement, se livrent à la joie; bientôt ils vont prendre position en avant de la place, masquent de claies l'avant-fossé et le remplissent de terre, en un mot font leurs préparatifs pour forcer les lignes ou pour toute autre opération qui se présentera.

Quant à César[1], il disposa toute son armée vers l'une et l'autre des deux lignes d'ouvrages, de manière qu'au besoin chacun connût bien s i place de combat, puis il envoya la cavalerie hors des lignes avec ordre d'attaquer. De divers camps romains, qui tenaient partout les sommets des collines, la vue plongeait sur la plaine, et les troupes suivaient avec anxiété les phases du combat. L'ennemi avait jeté dans les rangs de sa cavalerie, une ligne d'archers agiles, armés à la légère, pour l'aider, au besoin, à soutenir les efforts de la nôtre. Beaucoup de nos cavaliers atteints à l'improviste par les armes de ces fantassins, étaient obligés de quitter les rangs. Les Gaulois tant ceux de la place que de l'armée de secours, persuadés d'après cela que la cavalerie était supérieure par la tactique comme elle l'emportait par le nombre, lui jetaient de toutes parts des mots approbatifs et des hourras d'excitation. Heureusement l'action se passait au vu de tous, sans qu'aucun fait honorable ou honteux pût passer inaperçu, de sorte que l'amour de la gloire et la crainte du déshonneur n'excitaient pas moins le courage de nos soldats, que celui des ennemis. On s'était battu ainsi sans résultat depuis midi jusque vers le coucher du soleil, lorsque, sur un point, les Germains firent une charge en colonne et enfoncèrent l'ennemi qu'ils avaient devant eux. Les archers, abandonnés de la cavalerie, furent entourés et tués. La même manoeuvre s'étant répétée sur les autres points, nos cavaliers poursuivirent l'ennemi jusqu'à son camp sans lui donner le temps de se rallier. Quant aux gens d'Alésia, tristes et presque désespérés, ils rentrèrent dans la place.

---

[1] Caesar omni exercitu ad utramque partem munitionum disposito, ut, si usus ueniat, suum quisque locum teneat et nouerit, equitatum ex castris educi et proelium committi iubet. Erat ex omnibus castris, quae summum undique iugum tenebant, despectus, atque omnes milites intenti pugnae prouentum exspectabant. Galli inter equites raros sagittarios expeditosque leuis armaturae interiecerant, qui suis cedentibus auxilio succurrerent et nostrorum equitum impetus sustinerent. Ab his complures de improuiso uulnerati proelio excedebant. Cum suos pugna superiores esse Galli confiderent et nostros multitudine premi uiderent, ex omnibus partibus et ei qui munitionibus continebantur et hi qui ad auxilium conuenerant clamore et ululatu suorum animos confirmabant. Quod in conspectu omnium res gerebatur neque recte ac turpiter factum celari poterat, utrosque et laudis cupiditas et timor ignominiae ad uirtutem excitabant. Cum a meridie prope ad solis occasum dubia uictoria pugnaretur, Germani una in parte confertis turmis in hostes impetum fecerunt eosque propulerunt; quibus in fugam coniectis sagittarii circumuenti interfectique sunt. Item ex reliquis partibus nostri cedentes usque ad castra insecuti sui colligendi facultatem non dederunt. At ei qui ab Alesia processerant maesti prope uictoria desperata se in oppidum receperunt. (Ibid., 80).

Après un jour de repos[1], pendant lequel les Gaulois préparèrent un grand nombre de claies, d'échelles, de harpons, ils sortirent à mi-nuit de leur camp, et se dirigèrent en silence sur les retranchements de la plaine. A leur arrivée, poussant un cri pour avertir ceux de la place, ils posent leurs claies en avant, attaquent le rempart à coups de frondes, de flèches et de pierres afin d'en éloigner les défenseurs, en un mot, font tous les préludes d'un assaut. Averti par le signal, Vercingétorix fait à l'instant sonner la marche et sort de la place. Nos troupes, qui connaissaient d'avance leurs postes de combat, coururent aux retranchements, et répondirent vigoureusement à l'ennemi, en lançant avec la fronde, des boulets de pierre et des épieux, dont le rempart était approvisionné, et des balles métalliques; les balistes ne restèrent pas non plus inactives, et, malgré l'obscurité de la nuit, nombre d'hommes furent atteints de part et d'autre. Quand nos gens faiblissaient sur quelque point, M. Antonins et L. Trébonius, légats préposés à la défense de ce côté, leur envoyaient des secours tirés des redoutes de la ligne intérieure.

Tant[2] que les Gaulois se tinrent à distance du retranchement, ils eurent l'avantage par la masse de leurs projectiles; mais, en avançant, ils s'accrochaient sans le prévoir à nos aiguillons, ou s'enferraient aux pieux de nos trous de loups, ou tombaient percés par les javelots de place qui partaient du rempart et des tours. Perdant beaucoup de monde et n'ayant encore forcé, quand le jour parut, aucune partie des retranchements, ils craignirent d'être pris de flanc par une sortie des camps supérieurs et battirent en retraite. Quant aux assiégés, ayant perdu trop de temps à transporter le matériel préparé pour la sortie ordonnée par Vercingétorix, et à combler l'avant-fossé, ils s'aperçurent de la retraite des autres avant d'être arrivés près de nos lignes; ils rentrèrent donc dans la place sans les avoir attaquées.

---

[1] Vno die intermisso Galli atque hoc spatio magno cratium, scalarum, harpagonum numero effecto media nocte silentio ex castris egressi ad campestres munitiones accedunt. Subito clamore sublato, qua significatione qui in oppido obsidebantur de suo aduentu cognoscere possent, crates proicere, fundis, sagittis, lapidibus nostros de uallo proturbare reliquaque quae ad oppugnationem pertinent parant administrare. Eodem tempore clamore exaudito dat tuba signum suis Vercingetorix atque ex oppido educit. Nostri, ut superioribus diebus, ut cuique erat locus attributus, ad munitiones accedunt; fundis libralibus sudibusque quas in opere disposuerant ac glandibus Gallos proterrent. Prospectu tenebris adempto multa utrimque uulnera accipiuntur. Complura tormentis tela coniciuntur. At Marcus Antonius et Gaius Trebonius legati, quibus hae partes ad defendendum obuenerant, qua ex parte nostros premi intellexerant, his auxilio ex ulterioribus castellis deductos summittebant. (*Ibid.*, 81).

[2] Dum longius ab munitione aberant Galli, plus multitudine telorum proficiebant; posteaquam propius successerunt, aut se stimulis inopinantes induebant aut in scrobes delati transfodiebantur aut ex uallo ac turribus traiecti pilis muralibus interibant. Multis undique uulneribus acceptis nulla munitione perrupta, cum lux appeteret, ueriti ne ab latere aperto ex superioribus castris eruptione circumuenirentur, se ad suos receperunt. At interiores, dum ea quae a Vercingetorige ad eruptionem praeparata erant proferunt, priores fossas explent, diutius in his rebus administrandis morati prius suos discessisse cognouerunt, quam munitionibus appropinquarent. Ita re infecta in oppidum reuerterunt. (*Ibid.*, 82).

Deux fois repoussés[1] aux portes, les Gaulois du dehors se consultent sur ce qu'ils ont à faire ; ils s'abouchent avec des gens qui connaissent les lieux, et sont informés par ceux-ci sur le site et les défenses des camps supérieurs. Au nord s'élevait une colline que nous n'avions pu, à cause de son étendue, envelopper dans nos ouvrages, en sorte qu'il avait fallu y placer le camp sur un terrain légèrement incliné et presque commandé. Ce camp était occupé par deux légions, sous les ordres des légats L. Antistius Réginus et C. Caninius Rébilus. Après avoir fait reconnaître le terrain, et choisi 60.000 hommes appartenant aux populations qui passaient pour les plus braves, les chefs gaulois arrêtèrent secrètement entre eux le plan de l'attaque, dont ils fixèrent l'heure à midi. Le commandement de ce corps fut confié à l'Arverne Vercassivelaunus, l'un des quatre généraux et parent de Vercingétorix. Ce chef partit dés la première veille et, sa route étant presque achevée au point du jour, il se cacha derrière la montagne pour faire reposer ses troupes de leur marche nocturne. Vers midi il se dirigea sur le camp dont nous venons de parler. Au même moment, la cavalerie gauloise s'approcha des retranchements de la plaine, et le reste de l'armée prit position en avant de son propre camp.

Vercingétorix[2], qui, de la citadelle d'Alésia, vit ce mouvement, sortit de la place emportant avec lui des perches, muscules, faux et autres objets qu'il avait préparés dans le camp pour une attaque. L'affaire s'engagea donc de divers côtes, simultanément ; partout l'ennemi nous sonde, en portant ses efforts sur les points qui lui semblent les plus faibles. Paralysée par la grande étendue de lignes qu'elle devait garder, la petite armée romaine ne pouvait facilement opposer à plusieurs attaques simultanées des forces suffisantes. Nos combattants d'ailleurs, au bruit de l'action qui avait lieu derrière eux, s'inquiétaient de voir que leur vie dépendait de la vigueur d'autrui, tant il est vrai que l'idée du danger est souvent plus effrayante quand on ne l'aperçoit pas.

---

[1] Bis magno cum detrimento repulsi Galli quid agant consulunt; locorum peritos adhibent: ex his superiorum castrorum situs munitionesque cognoscunt. Erat a septentrionibus collis, quem propter magnitudinem circuitus opere circumplecti non potuerant nostri: necessario paene iniquo loco et leniter decliui castra fecerunt. Haec Gaius Antistius Reginus et Gaius Caninius Rebilus legati cum duabus legionibus obtinebant. Cognitis per exploratores regionibus duces hostium LX milia ex omni numero deligunt earum ciuitatum quae maximam uirtutis opinionem habebant; quid quoque pacto agi placeat occulte inter se constituunt; adeundi tempus definiunt, cum meridies esse uideatur. His copiis Vercassiuellaunum Aruernum, unum ex quattuor ducibus, propinquum Vercingetorigis, praeficiunt. Ille ex castris prima uigilia egressus prope confecto sub lucem itinere post montem se occultauit militesque ex nocturno labore sese reficere iussit. Cum iam meridies appropinquare uideretur, ad ea castra quae supra demonstrauimus contendit; eodemque tempore equitatus ad campestres munitiones accedere et reliquae copiae pro castris sese ostendere coeperunt. (*Ibid.*, 83)

[2] Vercingetorix ex arce Alesiae suos conspicatus ex oppido egreditur; crates, longurios, musculos, falces reliquaque quae eruptionis causa parauerat profert. Pugnatur uno tempore omnibus locis, atque omnia temptantur: quae minime uisa pars firma est, huc concurritur. Romanorum manus tantis munitionibus distinetur nec facile pluribus locis occurrit. Multum ad terrendos nostros ualet clamor, qui post tergum pugnantibus exstitit, quod suum periculum in aliena uident salute constare: omnia enim plerumque quae absunt uehementius hominum mentes perturbant. (*Ibid.*, 84).

César[1] placé sur un point favorable voyait tout ce qui se passait et pouvait diriger les secours ou ils étaient nécessaires. On comprenait des deux côtés, que le moment des efforts suprêmes était arrivé : les Gaulois, parce qu'ils sentaient que tout était perdu pour eux s'ils ne forçaient nos retranchements ; les Romains, parce qu'ils voyaient, dans le succès de la défense, le terme de toutes leurs fatigues. C'est aux retranchements supérieurs, attaqués, comme nous l'avons dit, par Vercassivelaunus que l'affaire était la plus chaude. La crête qui dominait le camp établi sur la pente avait, pour les assaillants, une importance capitale. Pendant que les uns tiraillent, les autres s'approchent en faisant la tortue ; des troupes fraîches viennent successivement remplacer les troupes fatiguées. Enfin, le remblai, que tous ont travaillé à faire sur nos ouvrages, couvre les pièges cachés et permet aux Gaulois de gravir le retranchement les armes et les forces font défaut à nos soldats.

A la vue de ce danger[2], César envoie six cohortes de soutien avec Labienus, auquel il ordonne, dans le cas où il ne pourrait soutenir l'assaut, de sortir pour attaquer l'ennemi, et toutefois de ne le faire qu'à la dernière extrémité. Lui-même se porte sur les autres points, et il exhorte ses troupes a mettre toute leur énergie dans ce combat suprême où ils vont recueillir en un instant le fruit de toutes leurs fatigues passées. Pendant ce temps les assiégés, voyant l'inutilité de leurs efforts contre les solides retranchements de la plaine, tentent l'escalade des hauteurs. Ils y portent leur matériel, paralysent par une grêle de projectiles la défense des tours, comblent les fossés à l'aide de claies, et coupent avec leurs faux l'escarpe et le parapet.

César envoie successivement[3] de ce côté, le jeune Brutus avec six cohortes et le légat C. Fabius avec sept ; enfin voyant la situation s'aggraver, il y amène lui-même une réserve de troupes fraîches : l'affaire rétablie et l'ennemi repoussé, il se porte vers le point où il avait envoyé Labienus. Il prend quatre cohortes à la plus voisine redoute, et se fait suivre par une partie de la cavalerie, pendant que le reste tournera les fortifications extérieures pour prendre l'ennemi à dos. Celui-ci venait de franchir et fossés et remparts : Labienus, ayant réuni trente-neuf cohortes qu'il avait prises au hasard dans les postes voisins, envoya prévenir

---

[1] Caesar idoneum locum nactus quid quaque ex parte geratur cognoscit; laborantibus summittit. Vtrisque ad animum occurrit unum esse illud tempus, quo maxime contendi conueniat: Galli, nisi perfregerint munitiones, de omni salute desperant; Romani, si rem obtinuerint, finem laborum omnium exspectant. Maxime ad superiores munitiones laboratur, quo Vercassiuellaunum missum demonstrauimus. Iniquum loci ad decliuitatem fastigium magnum habet momentum. Alii tela coniciunt, alii testudine facta subeunt; defatigatis in uicem integri succedunt. Agger ab uniuersis in munitionem coniectus et ascensum dat Gallis et ea quae in terra occultauerant Romani contegit; nec iam arma nostris nec uires suppetunt. (*Ibid.*, 85).
[2] His rebus cognitis Caesar Labienum cum cohortibus sex subsidio laborantibus mittit: imperat, si sustinere non posset, deductis cohortibus eruptione pugnaret; id nisi necessario ne faciat. Ipse adit reliquos, cohortatur ne labori succumbant; omnium superiorum dimicationum fructum in eo die atque hora docet consistere. Interiores desperatis campestribus locis propter magnitudinem munitionum loca praerupta ex ascensu temptant: huc ea quae parauerant conferunt. Multitudine telorum ex turribus propugnantes deturbant, aggere et cratibus fossas explent, falcibus uallum ac loricam rescindunt. (*Ibid.*, 86).
[3] Mittit primo Brutum adulescentem cum cohortibus Caesar, post cum aliis Gaium Fabium legatum; postremo ipse, cum uehementius pugnaretur, integros subsidio adducit. Restituto proelio ac repulsis hostibus eo quo Labienum miserat contendit; cohortes quattuor ex proximo castello deducit, equitum partem sequi, partem circumire exteriores munitiones et ab tergo hostes adoriri iubet. Labienus, postquam neque aggeres neque fossae uim hostium sustinere poterant, coactis una XL cohortibus, quas ex proximis praesidus deductas fors obtulit, Caesarem per nuntios facit certiorem quid faciendum existimet. Accelerat Caesar, ut proelio intersit. (*Ibid.*, 87)

César de ce qu'il comptait faire. César hâte sa marche pour prendre part au combat.

L'ennemi[1], des hauteurs qu'il occupait, plongeait sur les pentes et le fond de la vallée par lesquels arrivait César; le reconnaissant à la couleur de son costume de bataille, il se hâta d'attaquer Labienus. Les deux partis poussent un cri qui se répète sur tous les points des ouvrages. Nos troupes laissent les armes de jet, mettent l'épée à la main. Tout à coup le corps de cavalerie tournant parait sur les derrières de l'ennemi qui voit en même temps arriver les autres cohortes; alors il prend la fuite et va donner dans notre cavalerie qui en fait un grand carnage. Sédullus, chef et prince des Lemovici est tué, l'arverne Vercassivelaunus est pris vivant dans la poursuite; soixante-quatorze enseignes sont apportées à César. Enfin de cette multitude, un petit nombre seulement regagna son camp sain et sauf. Les assiégés ayant vu de l'oppidum le massacre et la déroute des leurs, perdirent tout espoir et rappelèrent leurs troupes de nos retranchements. Dès que les Gaulois du dehors s'en aperçurent, ils abandonnèrent leur camp, et si nos soldats n'eussent été fatigués des marches fréquentes et des combats de toute cette journée, ils auraient pu anéantir l'armée ennemie. Au milieu de la nuit notre cavalerie fut lancée sur leur arrière-garde dont elle prit et tua une partie. Les autres prirent la fuite et se réfugièrent dans leurs foyers.

Le lendemain[2], Vercingétorix réunit le conseil et dit qu'il n'aVait pas entrepris cette guerre dans un intérêt privé, mais pour la liberté commune; que la fortune le trahissant, il se remettait entre leurs mains, soit pour apaiser le proconsul par sa mort, soit pour lui être livré vivant à leur volonté. On envoya vers César qui prescrivit de livrer les armes et d'amener les chefs. Il se plaça sur le rempart devant son camp, et là, les chefs furent conduits, Vercingétorix livré, les armes déposées. Ensuite il donna à titre de butin, un prisonnier à chaque soldat de son armée, en réservant les Hædui et les Arverni dont il voulait se servir pour regagner leurs cités à son alliance. Cette affaire réglée, César se rendit chez les Hædui et reçut leur soumission.

---

[1] Eius aduentu ex colore uestitus cognito, quo insigni in proeliis uti consuerat, turmisque equitum et cohortibus uisis quas se sequi iusserat, ut de locis superioribus haec decliuia et deuexa cernebantur, hostes proelium committunt. Vtrimque clamore sublato excipit rursus ex uallo atque omnibus munitionibus clamor. Nostri omissis pilis gladiis rem gerunt. Repente post tergum equitatus cernitur; cohortes aliae appropinquant. Hostes terga uertunt; fugientibus equites occurrunt. Fit magna caedes. Sedulius, dux et princeps Lemouicum, occiditur; Vercassiuellaunus Aruernus uiuus in fuga comprehenditur; signa militaria septuaginta quattuor ad Caesarem referuntur: pauci ex tanto numero se incolumes in castra recipiunt. Conspicati ex oppido caedem et fugam suorum desperata salute copias a munitionibus reducunt. Fit protinus hac re audita ex castris Gallorum fuga. Quod nisi crebris subsidiis ac totius diei labore milites essent defessi, omnes hostium copiae deleri potuissent. De media nocte missus equitatus nouissimum agmen consequitur: magnus numerus capitur atque interficitur; reliqui ex fuga in ciuitates discedunt. (Ibid., 88).

[2] Postero die Vercingetorix concilio conuocato id bellum se suscepisse non suarum necessitatium, sed communis libertatis causa demonstrat, et quoniam sit fortunae cedendum, ad utramque rem se illis offerre, seu morte sua Romanis satisfacere seu uiuum tradere uelint. Mittuntur de his rebus ad Caesarem legati. Iubet arma tradi, principes produci. Ipse in munitione pro castris consedit: eo duces producuntur; Vercingetorix deditur, arma proiciuntur. Reseruatis Aeduis atque Aruernis, si per eos ciuitates reciperare posset, ex reliquis captiuis toto exercitui capita singula praedae nomine distribuit. (Ibid., 89). His rebus confectis in Hæduos proficiscitur, civitatem recipit...

II

Diodore de Sicile, contemporain de César et d'Auguste, parle d'Alésia simplement pour raconter des légendes qui n'apportent aucune lumière dans la question qui nous occupe. A deux reprises il revient sur ce sujet, de manière à laisser deviner qu'il a consulté deux auteurs différents, sans chercher à comparer et à contrôler la valeur de leurs assertions. Bien que Diodore fût au fait du siége d'Alésia par le récit de César, il ne donne aucun détail. Voici d'abord ce que nous lisons au quatrième livre[1] :

> Après avoir, en Ibérie, abandonné le pouvoir aux hommes les plus distingués du pays, Hercule lève une armée, s'avance dans la Celtique, la parcourt, y fait cesser des abus invétérés ainsi que la coutume d'égorger les étrangers. De toute part une foule d'indigènes se joignit spontanément à Hercule. Il fonda une ville importante qu'il nomma *Alésia* à cause des courses errantes que nécessitaient ses expéditions. Une multitude de gens du voisinage se mêla aux habitants qui, étant les moins nombreux, furent dominés par eux et devinrent barbares. Maintenant encore les Celtes considèrent cette ville comme le berceau et la métropole de toute la Celtique. Depuis Hercule *Alésia* la resta libre. Elle ne fut prise que de notre temps : C. César, surnommé Divin, à cause de la grandeur de ses exploits, la força et la soumit aux Romains ainsi que les autres populations celtiques. Hercule passant ensuite en Italie, et traversant les Alpes, ouvrit, dans des endroits escarpés et inaccessibles des routes praticables pour le passage des troupes et de leurs bagages.

Constatons tout de suite un fait qui permet de juger de la valeur du récit de Diodore de Sicile, au point de vue de la critique historique : c'est la primauté attribuée à Alésia au temps où le chroniqueur vivait encore. Lui seul signale cette particularité dont nous devrions trouver des traces ailleurs, et naturellement dans César, qui n'y fait pas la moindre allusion. Diodore, d'après des renseignements erronés, attribue à l'oppidum des *Mandubii* ce qui, à Rome, se disait de quelque autre localité, peut-être de la capitale des *Averni*, auxquels se rattachaient des souvenirs de domination que Strabon nous a conservés. — Passons maintenant à l'autre forme légendaire qui se trouve dans le cinquième livre de Diodore[2].

> Il y avait, dit-on, jadis en Celtique, un chef illustre dont la fille était d'une taille remarquable, et d'une beauté supérieure à celle de toutes les autres ; fière de sa force et de ses attraits que l'on admirait, elle refusait tous ceux qui prétendaient à sa main, n'en trouvant aucun qui fût digne d'elle. Hercule étant venu en Celtique à l'époque de son expédition contre Géryon, et y ayant fondé Alésia, la jeune fille séduite par son courage et sa belle stature, s'éprit vivement du héros, et l'épousa avec l'assentiment même de ses parents. De cette union naquit un fils nommé Galatés, qui surpassait de beaucoup les indigènes en énergie morale et en vigueur du corps. Arrivé à l'âge d'homme. il hérita des états paternels, conquit une grande partie des pays voisins, et accomplit de glorieux exploits à la guerre. Son courage lui ayant acquis une renommée universelle, il appela, de son nom, Galates ceux qui lui étaient soumis, et ce fut d'eux que le pays entier fut nommé Galatie.

---

[1] Chapitre XIX.
[2] Chapitre XXIV.

Nous trouvons une troisième forme de cette légende dans Parthénius de Nicée : suivant cet auteur qui vivait à peu près à la même époque que Diodore de Sicile, ou peu après, et qui ne dit pas un mot de la fondation d'*Alésia*, Hercule ramenait d'Érythie les boeufs de Géryon et passait par la Celtique. Celtine, fille de Bretannus, lui fit prendre ses boeufs, prétendant ne les lui restituer que s'il consentait à céder à sa passion : Hercule ne résista pas, et de cette union naquit Celtus, qui donna son nom aux Celtes. — En passant, je me permettrai de faire remarquer combien ces différentes versions sont favorables à l'opinion des personnes qui soutiennent que *Celte* et *Galate* sont deux formes du même mot. Le fils d'Hercule est appelé indifféremment *Celtus* et *Galatés*, et donne son nom an pays.

III

Voici encore un auteur contemporain de Diodore de Sicile et de Parthénius de Nicée, et qui, en Orient, écrivait sur des documents récents alors. Il parle du siége d'Alésia, mais paraît avoir eu sur les Gaules des notions peu exactes. Il est à remarquer que Strabon, lorsqu'il décrit la Celtique, parle des *Ædui* et des *Sequani*, mais ne fait pas allusion à *Alésia* et aux *Mandubii*, dont cependant il s'est occupé un peu auparavant.

> Les Arverni sont établis sur les bords de la Loire ; *Nemossus*, leur capitale, fut bâtie sur le fleuve qui passe à *Cebanum*, principal emporium des *Carnutes*, situé vers le milieu de son cours, et va se jeter dans l'Océan. Une grande preuve de l'ancienne puissance des *Arverni*, c'est qu'ils ont plusieurs fois combattu les Romains avec 200.000 hommes, et même avec le double ; en effet, ils tinrent tête avec 100.000 combattants au divin César, sous la conduite de Vercingétorix, et auparavant ils étaient 200.000 contre Maximus Æmilianus et autant contre Domitius Ænobarbus. La lutte avec César eut pour théâtre les environs de *Gergovia*, ville des *Arverni* située sur une montagne élevée et patrie de Vercingétorix ; puis *Alésia*, ville des *Mandubii*, peuple limitrophe des *Arverni*, bâtie elle-même sur une colline élevée, entourée de montagnes et de deux rivières. C'est là que fut pris le chef, ce qui mit fin à la guerre.

IV

Les campagnes de Jules César dans les Gaules ne tiennent que quelques lignes dans le résumé historique compose par Velleius Paterculus, et terminé vers l'an 30 de Jésus-Christ. Nous devons regretter le laconisme de cet auteur, qui ne peut nous fournir rien d'utile pour éclairer la question qui nous occupe. Préfet de la cavalerie sous Auguste, puis questeur, Velleius Paterculus accompagna Tibère dans ses expéditions de Germanie, de Pannonie et de Dalmatie : il devint prêteur, puis légat, et paraît avoir été mis à mort avec les amis de Séjan, son protecteur. Cet auteur se contente de dire :

> Les grandes choses que César accomplit devant Alésia sont de celles qu'un homme ose à peine entreprendre, et qu'un Dieu seul peut accomplir[1].

---

[1] Circa Alesiam vero tantæ res gestæ, quantas audere vix hominis, perficere pene nullius, nisi Dei fuerit (L. II, c. XLVII).

V

Il est admis que Tite-Live, mort la quatrième année du règne de Tibère, composa son histoire romaine entre la date de la bataille d'Actium, et la mort de Drusus (31 à 11 av. J.-C.). Il avait consacré deux chapitres à la lutte de César contre Vercingétorix : malheureusement cette partie de l'ouvrage est perdue, et nous n'en connaissons que le trop court sommaire, dont l'auteur n'est pas déterminé avec certitude : on ne sait trop, en effet, si ces résumés sont dus à Tite-Live lui-même, ou à un Florus qu'il ne faut pas confondre avec L. Annæus Florus, dont nous parlerons plus loin.

> Viennent ensuite les exploits de C. César contre les Gaulois qui, sous la conduite de l'arverne Vercingétorix, s'étaient presque tous soulevés, et les siéges importants de villes, parmi lesquelles on peut citer *Avaricum* des Bituriges, et Gergovia des Arverni[1].
>
> C. César vainquit les Gaulois à Alésia, et reçut la soumission de toutes les cités de la Gaule qui avaient pris les armes[2].

VI

Tacite, dans ses Annales, composées sous le règne de Vespasien au plus tôt, mentionne une seule fois le nom d'Alésia. Voici à quelle occasion.

Au moment où il était question, l'an 48 de l'ère chrétienne, de compléter le Sénat, plusieurs personnages notables de la *Gallia comata* briguèrent l'honneur d'entrer dans la curie. L'empereur Claude favorisait les Gaulois, mais il y avait, à Rome, un parti qui se souciait peu de voir des étrangers arriver à cette dignité. On alléguait les richesses de ceux-ci qui humilieraient les sénateurs pauvres du Latium ; on faisait valoir que Rome comptait plus d'un citoyen digne du Sénat ; on rappelait enfin les souvenirs de famille de *quelques-uns de ces Gaulois, dont les aïeux, chefs de peuplades ennemies, avaient décimé des armées romaines, et tenu le divin César bloqué à Alésia*[3]. À ces remontrances, Claude répondit qu'il y avait opportunité à plaider la cause des Gaulois ; que si les peuples qui composaient la Gallia comata avaient, pendant dix années, fait la guerre au divin César, il ne fallait pas oublier que depuis prés d'un siècle ils avaient fait preuve d'une fidélité et d'une obéissance également exemplaires[4].

Au premier abord, il semble que l'au 48 en avait, à Rome, des souvenirs peu exacts de la lutte de César contre Vercingétorix. Peut-être faut-il penser que l'on faisait allusion à l'armée de secours qui, formé d'un contingent appelé de toute la Gaule, était accourue pour forcer César à lever le siége d'Alésia.

VII

Pline le jeune, contemporain de Tacite, auquel nous devons tant de renseignements géographiques, ne fait mention ni d'*Alésia* ni des *Mandubii* dans les énumérations des populations gauloises : à cette époque, la ville n'avait pas

---

1 ... Præterea res gestas a C. Cæsare adversus Gallos, qui prope universi. Vercingenterige Arverno duce, defecerunt, et laboriosas obsidiones urbium continet : inter quas Avacici Biturigum, et Gergoviæ Arvernorum (**Epitom., Libri CVII**)

2 C. Cæsar Gallos ad Alesiam vicit, omnesque Galliæ civitates, quæ in armis fuerant, in deditionem accepit (Id., libr. CVIII).

3 Oppleturos omnia divites illos, quorum avi proavique hostilium nationum duces exercitus nostros ferro igniqe ceciderint ; divum Julium apud Aiesiam obsederint (*Ann.*, XI, 23).

4 **Tacite, *Ann.*, XI, 24** — Voyez aussi le discours de Claude conservé sur des tables de bronze, au musée du Lyon.

été relevée de ses ruines, et le peuple, dont elle avait été la capitale, avait disparu, absorbé probablement par les nations limitrophes. Néanmoins Pline cite le nom d'Alésia, à propos d'une invention particulière à la Gaule rien ne laisse deviner s'il s'agit ici de l'oppidum qui fut bloqué par César, ou de quelque localité portant le même nom :

> L'étain est appliqué à chaud sur les objets de cuivre, de manière à ne pouvoir le distinguer de l'argent, c'est une invention faite dans les Gaules, on appela alors ces objets *incoctilia*. Plus tard, dans l'oppidum d'Alésia, on se mit à appliquer de même l'argent à chaud, principalement sur les harnais de chevaux, et les jougs des bêtes de somme : l'honneur de l'invention appartient aux Bituriges[1].

VIII

Le récit de Plutarque diffère de ce que l'on trouve dans les autres historiens: on peut s'étonner que cet auteur, qui avait à sa disposition les documents les plus complets pour écrire la vie de César, soit aussi peu exact. Il s'occupe uniquement du siège d'Alésia, et passe sous silence les détails de la campagne de l'an 51 qui précéda cet événement. Peut-être ne se souciait-il pas de parler des faits de guerre dans lesquels la fortune fut défavorable à César.

Plutarque avance que les *Sequani* étaient dévoués aux Romains : cette allégation paraît être parfaitement erronée. En effet, César ne dit pas un mot des Sequani lorsqu'il parle des peuples gaulois qui lui étaient restés fidèles ; mais il les note au nombre de ceux qui fournirent un contingent à l'armée de secours[2]. — Parmi les détails donnés par le même auteur sur le siège d'Alésia, je remarque que, selon lui, les assiégés ne purent rien voir de la défaite de l'armée de secours. César affirme le contraire[3], Ces observations suffisent, je crois, pour établir que le témoignage de Plutarque ne doit être admis que sous toutes réserves.

> Un grand nombre de peuplades s'étaient soulevées, et à la tête du mouvement étaient les Arverni et les Carnutes[4]. Le commandement suprême fut donné â Vercingétorix dont le père, soupçonné d'avoir aspiré à la tyrannie, avait été assassiné par les Gaulois. Vercingétorix ayant divisé ses forces en un grand nombre de corps commandés chacun par un chef, rattacha à sa cause tous les peuples circonvoisins jusques à ceux qui sont sur la Saône; son projet était d'allumer promptement dans la Gaule une guerre générale pendant qu'à Rome un parti se formait contre César... Celui-ci, à la nouvelle de l'insurrection, apparut avec toute son armée, ravageant le pays, saccageant les villages, détruisant les villes, accueillant ceux qui se rangeaient de son côté. Cela dura jusqu'au moment où les Ædui s'armèrent contre lui ; jusque-là ils s'étaient proclamés frères des Romains, et en avaient reçu de grandes marques d'honneur ; mais alors ils grossirent le nombre de ceux qui faisaient défection et ils répandirent un grand découragement dans l'armée de César. C'est pourquoi, ayant quitté leur pays, il traversa celui des

---

[1] Stannum album incoquitur æreis operibus. Galliarum invente, ita ut via discerni possit ab argento, eaque incoctilia vocant. Deinde et argentum incoquere simili modo cœpere equorum maxime ornamentis, jumentorum jugis, in Alexia oppido : reliqua gloria Biturigum fuit. Pline. Sec. Hist. nat. XXXIV, c. 17).
[2] *De bell. Gall.*, VII, 63 et 75.
[3] *Id.*, VII, 38.
[4] Plutarque, de Cæsare, c. XXV et XXVI.

Lingones, cherchant à gagner celui des Sequani restés ses amis et plus voisins de l'Italie que le reste de la Gaule. Ce fut alors que, attaqué par les ennemis qui l'enveloppaient d'une multitude dépassant plusieurs fois dix mille hommes, César se résolut à accepter le combat. Il eut affaire à toute la coalition, et défit les barbares; ce fut au prix de beaucoup de temps et de carnage qu'il les réduisit. Il sembla qu'au début il avait subi un échec, car les Arverni montrent suspendu dans un temple un glaive qu'ils prétendent être une dépouille enlevée à César. Plus tard, celui-ci l'ayant vue, sourit, et comme ses amis voulaient l'enlever, il s'y opposa, pensant que c'était un objet consacré.

La plupart des fuyards se réfugièrent alors, avec leur chef dans la ville d'*Alésia*[1]. César vint l'assiéger. Cette place semblait inexpugnable par la hauteur de ses murs et le nombre de ses défenseurs, lorsqu'un danger plus grave qu'on ne saurait l'exprimer vint menacer les Romains. Tout ce qu'il y avait de plus vaillant chez les divers peuples de la Gaule se réunit et vint en armes à Alésia au nombre de 300.000 hommes ; dans la ville même il ne se trouvait pas moins de 170.000 combattants ; César, enveloppé et assiégé dans le réseau d'une attaque si considérable, fut contraint d'élever un double retranchement du côté de la ville et du côté des ennemis qui étaient survenus : c'en était fait de lui si ces deux armées avaient pu se réunir. Le danger que César courut â *Alésia* contribua, et à bon droit, à sa gloire, autant qu'aucun de ses autres combats, à cause de l'audace et de l'habileté qu'il y déploya. Ce que l'on doit admirer par-dessus tout, c'est que César ait pu cacher aux assiégés sa lutte contre des milliers d'ennemis extérieurs, et soit resté victorieux de ceux-ci ; ce qui est encore plus surprenant, c'est qu'il ait pu le cacher aux Romains qui gardaient le retranchement du côté de la place. Ceux-ci, en effet, ne se doutèrent de la victoire que par les cris de douleur des hommes et les lamentations des femmes qui, d'*Alésia*, voyaient de l'un et l'autre côté de la ville les Romains emporter dans leur camp de nombreux boucliers ornés d'or et d'argent, des cuirasses souillées de sang, des vases et des tentes. Cette multitude disparut comme un fantôme ou un songe par le carnage de tous ceux qui tombèrent dans la mêlée. Les défenseurs d'*Alésia* ne se rendirent qu'après avoir beaucoup souffert et résisté opiniâtrement à César. Le chef de toute cette guerre, Vercingétorix, couvert de ses plus belles armes, monté sur un cheval richement orné s'avança hors des portes ; il fit décrire à son cheval un cercle autour de César assis, puis sautant à terre, il jeta toutes ses armes et se plaça silencieux aux pieds de César qui le fit garder à vue pour figurer dans son triomphe.

IX

L. Annæus Julius Florus, sous Trajan et Hadrien, résumait en une page la campagne de Vercingétorix contre César il paraît s'être servi de mémoires qui ne sont pas parvenus jusqu'à nous; s'il donne quelques détails que l'on chercherait inutilement dans César, au sujet de la soumission de Vercingétorix, il commet en revanche plusieurs erreurs, et confond, par exemple, le siége d'*Alésia* avec celui

---

[1] Plutarque, de Cæsare, c. XXVII.

d'*Avaricum*. Il semble même que Florus considère la révolte des Gaulois comme ayant eu lieu après la prise de l'oppidum des Arvernes[1].

La dernière confédération des Gaules fut celle des *Arverni* et des *Bituriges*, des *Carnutes* et des *Sequani*, simultanément entraînés par Vercingétorix, cet homme dont la prestance, les armes, l'entrain et le nom même inspiraient une certaine terreur. Dans les jours de fêtes et dans les assemblées qui réunissaient des foules dans les forêts, il exhortait avec enthousiasme à reconquérir l'ancienne indépendance. César était alors absent, recrutant des soldats à Ravenne, et l'hiver avait rendu les Alpes inaccessibles : on en supposait le passage impraticable. A cette nouvelle, César, avec son audace que favorisait la Fortune, franchit les sommets des montagnes impraticables dans cette saison. traverse avec une escorte armée à la légère des neiges dans lesquelles aucun chemin n'était frayé ; entre en Gaule et rassemble ses troupes dispersées dans leurs quartiers ; il se trouve arrivé au centre de la Gaule alors qu'on le soupçonnait à peine aux frontières. Il attaque alors les villes qui étaient les foyers de la révolte, emporte *Avaricum* défendu par 40.000 combattants, et détruit par le feu *Alexia* malgré ses 200.000 défenseurs d'élite ; le théâtre principal de la guerre fut sous les murs de *Gergovia* des *Arverni* ; cette vaste cité protégée par un rempart, une citadelle et des rochers escarpés comptait 80.000 défenseurs ; entourée par César d'un retranchement, de pieux et de fossés dans lesquels il détourna les eaux de la rivière, ainsi que de dix-huit forts, cette ville est d'abord épuisée par la famine. La garnison qui tentait des sorties est décimée par le fer et les pieux dans la tranchée, et bientôt est forcée de se rendre. Le roi lui-même triomphe du vainqueur, vient en suppliant dans le camp, et jetant aux genoux de César ses phalères et ses armes, s'écrie: *C'en est fait, ta vaillance a vaincu mon courage.*

X

Dion Cassius, successivement gouverneur en Afrique, en Pannonie, à Pergame et à Smyrne, composa dans le premier tiers du troisième siècle une histoire romaine à la rédaction de laquelle il consacra douze années, après en avoir préparé les matériaux pendant dix ans. Le récit fait par cet auteur de la campagne, qui se termina par le siège d'Alésia paraît être une compilation empruntée à plusieurs récits, dans lesquels les faits sont souvent confondus ou reproduits inexactement.

Les Romains[2], à cause de l'absence de César, ayant échoué devant Gergovia s'éloignèrent. La peur saisit alors ceux des Gaulois qui avaient poussé à la sédition et qui ne pensaient qu'à faire des troubles ; c'est pourquoi, sans perdre de temps, ils organisèrent un soulèvement. A cette nouvelle ceux de leurs compatriotes qui combattaient avec César demandèrent à retourner dans leurs foyers, promettant de tout apaiser. Dès qu'ils eurent été licenciés, ils se rendent à *Noviodunum* où les Romains avaient déposé leur caisse, leur blé et un grand nombre d'otages ; avec l'aide des habitants ils massacrent à l'improviste ceux qui gardaient ces réserves et s'emparent de tout. Comme cette ville était une position importante, ils l'incendient afin que les Romains ne puissent en

---

[1] Florus, l. III, c. 10.
[2] Dion Cassius, l. XL, p. 38, 39, 40, 41.

faire un centre d'opérations de guerre, et parviennent à attirer le reste du pays Eduen dans les rangs des révoltés. César tenta aussitôt une expédition contre eux, mais n'ayant pu réussir à cause de la Loire, il se retourna vers les *Lingones*. De ce côté encore, il ne fut pas heureux. Quant à Labienus, il s'empara de l'île située dans la Seine après avoir repoussé ceux qui sur la terre ferme s'étaient avancés contre lui; puis ayant traversé le fleuve en aval et en amont, sur plusieurs points, afin que les ennemis ne puissent s'opposer à son passage s'il l'eut tenté sur un seul, il assura la position. Avant que cela eut lieu, Vercingétorix s'imaginant ne pas avoir à craindre César à cause du désastre que celui-ci avait éprouvé, aila porter la guerre chez les *Allobroges*. Comme César s'était dirigé au secours de ceux-ci, Vercingétorix le surprit à son arrivée chez les *Sequani* et le cerna; toutefois il ne lui fit aucun mal, bien au contraire il força les Romains à être intrépides en les poussant au désespoir, et succomba lui-même par suite de sa témérité. Son désastre fut même en partie l'ouvrage des Celtes qui combattaient dans les rangs des Romains qui par la fougue de leur attaque et leur taille colossale rompirent le cercle d'ennemis qui enveloppaient l'armée. César ayant trouvé cette chance ne la lâcha pas, et ayant enfermé les fuyards dans l'oppidum d'*Alésia* il mit le siége devant cette place. Avant que les travaux d'investissement fussent terminés, Vercingétorix renvoya les cavaliers, d'abord parce qu'il n'y avait pas de fourrages pour la cavalerie, ensuite afin que chacun d'eux, à son retour dans son pays, lui fissent envoyer des vivres et des renforts. Mais comme ils traînèrent le temps en longueur, et que les provisions commençaient à faire défaut, Vercingétorix fit sortir de l'oppidum les enfants, les femmes et, parmi les autres, ceux qui étaient inutiles à la défense; il espérait, mais en vain, soit qu'ils trouveraient le salut auprès des Romains qui verraient en eux un butin, soit que le reste des assiégés se nourrissant plus longtemps de vivres que cette foule aurait consommés, pourraient avoir le dessus.

César, qui n'avait pas assez de vivres pour nourrir des étrangers, repoussa tous ces malheureux, espérant que leurs compatriotes les laisseraient rentrer, et que la famine n'en deviendrait ainsi que plus pressante pour l'ennemi. Repoussée de part et d'autre, cette multitude erra entre les remparts et le camp et périt de misère. Cependant les secours demandés par les cavaliers licenciés ne tardèrent pas à arriver, mais ces renforts furent vaincus avec l'aide de la cavalerie germaine. Ils tentèrent ensuite de pénétrer de nuit dans la ville, à travers les ouvrages des Romains, et subirent de grandes pertes. Partout, en effet, ou la cavalerie pouvait passer, les Romains avaient pratiqué des fosses dissimulées, dans lesquelles ils avaient planté des pieux aigus; l'abord de ces fosses était égalisé avec le terrain, et les hommes ainsi que les chevaux, sans voir le danger, tombaient dans ces piéges et y périssaient. Les Gaulois ne cédèrent que lorsque l'armée de secours et les assiégés eurent échoué dans une attaque simultanée sur les retranchements même.

Après ce désastre, Vercingétorix, ni pris ni blessé, pouvait se soustraire au péril; mais il espéra que le souvenir de son ancienne amitié l'aiderait à profiter de la clémence de César. Il se rendit vers lui, sans s'être fait annoncer, et parut tout à coup au moment où César siégeait sur son tribunal; quelques-uns des assistants furent effrayés, car Vercingétorix était d'une haute stature, et d'une prestance imposante sous son armure. Il se fit un silence général ; le Gaulois ne proféra pas une parole, mit un genou en terre, et pressant les mains de César, il le suppliait. Ce spectacle était saisissant pour les spectateurs qui se rappelaient l'ancienne fortune de cet homme, et le voyaient, ce jour, accablé d'un si grand malheur. César rappelant cette amitié même sur laquelle Vercingétorix fondait l'espoir de son salut, fit ressortir combien sa conduite en était plus odieuse; puis, sans même manifester une pitié passagère pour le suppliant, il le fit aussitôt enchaîner, et plus tard après l'avoir traîné à son triomphe, il le fit mettre à mort.

XI

Le grec Polyent sous Marc-Aurèle, compila des récits pris un peu partout, et composa ainsi un livre qui relate des *stratagèmes de guerre*. Nous trouvons parmi ses extraits un passage où il est parlé de la dernière défaite des troupes confédérées accourues au secours d'Alésia.

César assiégeait Alésia[1], ville de la Gaule; les Gaulois s'assemblèrent contre lui au nombre de 200.000. Pendant la nuit, César ayant détaché 3.000 fantassins et toute sa cavalerie, leur donna l'ordre de revenir le lendemain vers la deuxième heure en se divisant en deux lignes obliques, d'apparaître sur les derrières de l'ennemi et d'engager l'action. Lui-même, au point du jour mène son armée au combat. Confiants dans leur grand nombre, les Gaulois reçoivent l'attaque en riant ; mais à l'apparition de ceux qui venaient en arrière en poussant des cris, se croyant cernés et désespérant de pouvoir échapper, ils sont terrifiés. On assure qu'il en résulta un grand carnage de Gaulois.

XII

Voyons maintenant ce qu'a dit Paul Orose, au commencement du Ve siècle, dans l'histoire qu'il composa à la demande de saint Augustin[2].

César étant revenu en Italie, la Gaule s'arme de nouveau, et les peuples en grand nombre se liguent. Leur chef fut Vercingétorix, qui conseilla aux Gaulois d'incendier leurs villes ; *Biturigum*, la première, fut brûlée par ses habitants. De là les confédérés se lancent contre César qui revenait à grandes journées et secrètement par la Narbonnaise vers son armée. César assiégea un oppidum nommé *Cenapum* : après un long investissement et la mort de nombreux soldats romains, il arriva un jour de pluie ou les cordages des machines de guerre des ennemis se détendirent, on approcha les tours et l'oppidum fut pris et détruit. On dit qu'il y avait là 40.000 hommes et que quatre-vingts à peine purent s'échapper et regagner le camp gaulois. En outre les *Arverni*, et leurs voisins, ayant attiré les *Ædui* dans leur parti combattirent César dans plusieurs rencontres ; fatigués de cette guerre ils se retirèrent dans un castellum, et les soldats romains, avides de butin, s'acharnèrent à l'assiéger malgré César qui avait jugé le peu de succès que les lieux faisaient espérer. Accablé par les assaillants qui se précipitaient sur lui, César se retira vaincu après avoir perdu la plus grande partie de son armée. Pendant que ceci se passait à Alésia, Vercingétorix, élu roi à

---

[1] *Strategematum*, cap. II, 11, édition Coray, 1809.
[2] Orosias, lib. VI.

l'unanimité appela tous ceux qui pouvaient porter les armes en Gaule à venir au plus vite ; de cette guerre devait résulter la liberté ou la servitude éternelle, ou le trépas de tous. A l'armée très considérable qu'il avait déjà, il ajouta ainsi environ 8.000 cavaliers et 250.000 fantassins. Les Romains et les Gaulois s'emparèrent de deux collines situées l'une devant l'autre ; après de nombreuses sorties et attaques, les Romains l'emportèrent enfin grâce au courage des cavaliers germains qui, alliés à eux, depuis longtemps étaient venus, sur leur demande, à leur aide. Le lendemain Vercingétorix rassemble ceux qui avaient survécu au désastre, et annonce qu'il est prêt à marcher à la mort avec tous ceux qui veulent l'accompagner, ou à se sacrifier seul pour tous; il confesse qu'il a voulu de bonne foi sauver la liberté, et qu'il est le seul promoteur de la révolte. Les Gaulois s'empressant sur la proposition de leur roi d'adopter une résolution qu'une certaine honte leur avait fait dissimuler, demandent à obtenir le pardon du vainqueur, et livrent Vercingétorix comme seul coupable d'un grand forfait.

XIII

Vers la fin du Ve siècle, Constance, prêtre lyonnais, cédant aux demandes réitérées de Patient, évêque de Lyon, composa une vie de saint Germain d'Auxerre qui est le plus connu de ses ouvrages. Cet auteur raconte que le pieux évêque se rendit à Arles, résidence d'Auxiliaris, préfet des Gaules, afin d'obtenir pour ses diocésains un dégrèvement des charges qui pesaient sur eux; partant d'Auxerre, il alla s'embarquer sur la Saône pour gagner Lyon[1]. Dans ce trajet, il traversa Alise, où il séjourna.

XIV

Ce fut Aunaire, évêque d'Auxerre vers 575, qui engagea Étienne à écrire la vie de saint Amatre (*Amator*), mort en 418, document dans lequel nous trouvons encore une mention d'Alise.

Etienne, surnommé l'Africain, probablement à cause de son origine, faisait partie du clergé auxerrois : il écrivit en vers la vie de saint Germain, et en prose la vie de saint Amatre.

Avant que le premier n'embrassât la vie religieuse où il devait succéder au second, saint Amatre, qui craignait la vengeance de saint Germain, vivant alors dans le siècle, et qu'il avait irrité, se réfugia à Autun. Comme il se rendait dans cette ville, il rencontra Suffronius, personnage considérable, qui venait d'Alise[2], et se désolait d'avoir été dépouillé de son argenterie. Suffronius fit route avec le prélat, qui le consola en lui donnant l'espérance d'une prompte restitution : les voleurs furent rencontrés à trois mille plus loin; la restitution eut lieu, et saint

---

1 Je note en passant que ce voyage offre quelque analogie avec l'itinéraire suivi au XIIIe siècle par le sire de Joinville, se rendant avec sa suite à Lyon pour de là gagner le port de mer où il devait s'embarquer pour la Palestine. Joinville prit la Saône à Auxonne.
2 Illo autem proficiscente, Suffronius quidam, generose sanguine creatus, ex oppido Alisensi, mœrore confectus, carisque acrioribus sauciatus, iter carpebat : qui elevatis oculis prospexit Amatorem recto tramite gradientem ; et equo dissiliens citius, licet tristis ac lacrymans, pontificis est amplexatus vestigia. Cui pontifex : cur tristis est insolito facies tus ... Pergentibus autem illis, pariter transmaeti sunt spatium pene trium passuum : et ecce occurrit visibus eorum noctivagus fur ... His ego et talibus beneficiis lugentem eshilarem reos damnatiosnis culpa absolvens, pernix ad urbem Augustudunensium venit.

Amatre obtint de Suffronius le pardon des coupables, à la condition qu'ils jureraient sur le tombeau des saints Andoche et Thyrse de changer de vie.

XV

Nous allons transcrire maintenant un diplôme qui n'a pas encore été publié et dont la date est facile à déterminer. Nous lisons que cet acte fut donné le 2 des nones de décembre, qui tombait un jeudi l'an 21 du règne de Lothaire en Italie. Or, l'an 838, le 2 des nones de décembre remplissait cette condition : si de 838 nous retranchons 21, nous remontons à l'an 817, année où Louis le Débonnaire associa son fils aîné, Lothaire, à l'Empire, et fit un premier partage de ses États. La date est complétée par l'indication de l'an 1er du règne de Lothaire en France. Un texte de Nithard, que je donne en note, et qui se rapporte aussi à l'an 838, paraît expliquer ce détail chronologique[1]. — Jusques à présent, on a daté de 841 ce diplôme, mais il faut remarquer qu'en 841, le 2 des nones de décembre ne tombait pas un jeudi, mais un lundi.

Le diplôme de l'empereur Lothaire[2] n'est que la confirmation d'un accord fait précédemment par Louis le Débonnaire.

xxIntroduire l'image du diplôme Dip1 et 2.gifxx

XVI

Héric, moine de l'abbaye de Saint-Germain d'Auxerre vivait au milieu du IXe siècle : il instruisit Lothaire, fils de Charles le Chauve, et composa plusieurs Ouvrages, parmi lesquels il se trouve une vie de Saint-Germain d'Auxerre en vers, qui n'est qu'une paraphrase poétique des oeuvres de Constance et de Etienne l'Africain. Les vers de Héric sont d'une latinité qui les rend parfois obscurs : comme les érudits, ses contemporains, il cherche à être classique et à faire parade de sa connaissance des auteurs profanes. C'est justement à propos de la visite de saint Germain au prêtre Sénator, à Alise, que Héric rappela le désastre d'Alésia[3].

Je ne reconnais pas une autorité sérieuse aux allusions historiques d'Héric : il savait qu'une ville nommée Alésia avait été assiégée par César ; il connaissait Alise-Sainte-Reine, et ses ruines l'avaient entraîné probablement à écrire les vers

---

[1] Cumque necessitate instante, ac per hoc assiduis meditationibus in hac electione versarentur, universorum sententia consensit, si Lodharius certum se in hoc negotio præbere vellet, cum eo fœdus iniri debere. Nam, uti præmissum est, idem olim patri matrique ac Karolo juraverat, ut partem regni quam vellet pater eidem daret, et eamdem se consentire et protegere illi contra omnes inimicos omnibus vitæ diebus deberet. Quamobrem missos deligunt, et in Italiam ad Lodharium mittunt, promittentes, si patris voluntatem deinceps erga Karolum conservare vellet, omnia quæ in illum hactenus deliquerat, remitti, et omne regnum, absque Baioria, inter illum et Karolum divideudum. Quæ quoniam Lodhario et suis rata videbantur, utraque ex parte sic velle, ac sic se perficere juravenunt (1. 6).
[2] Cartul. de Flavigny, cop. du fond. Bouhier, bibl. imp., f° 30 a 33.
[3] Te quoque, Cæsareis fatalis Alesia castris,
   Haud jure abnuerem calamis committere nostris ;
   Quæ, quod alas proprios præpingui pane colonos,
   Nominis adjecta quondam signata putaris.
   Te fines Heduos et limina summa tuentem
   Aggressus quondam sævo certamine Cæsar,
   Pene tulit Latias non æquo Marte phalangas,
   Expertus patriis quid Gallia posset in armis ;
   Nunc restant veteris tantum vestigia castri.
            L. IV, vers. 259 à 267).

reproduits en note, sans qu'il ait pris le soin d'apprendre au lecteur s'il était inspiré par une tradition locale ou par le souvenir de ses propres lectures.

XVII

Nous ne devons pas omettre la *Vie de César*, composée au XIIe siècle au plus tard par un auteur auquel on a donné longtemps le nom de Julius Celsus, et qui travaillait probablement en Italie, d'après les textes classiques qu'il avait lus avec soin, et d'après les *Commentaires* de César, auquel il faisait de longs et fréquents emprunts.

L'anonyme latin, je me sers de cette expression parce que je vais parler dans un instant d'un anonyme grec, l'anonyme latin ne dit rien qui favorise l'opinion par laquelle l'attaque de Vercingétorix aurait eu lieu sur le territoire des *Sequani*[1] ; il ne parle des *Mandubii* qu'une fois c'est pour les considérer comme un peuple autonome ayant reçu Vercingétorix dans son oppidum d'Alésia[2] ; il constate une erreur commise par Florus[3].

XVIII

Vient maintenant la traduction grecque des Commentaires, faite à la fin du XIIIe ou au commencement du XIVe siècle par un auteur dont on n'a pas encore déterminé définitivement l'individualité. On a pensé à Théodore Gaza, savant grec, de Thessalonique, mort en 1478, qui travailla beaucoup par les ordres du pape Nicolas V ; mais des manuscrits, beaucoup plus anciens que l'époque où vivait Théodore Gaza, ne favorisent pas cette hypothèse. On a proposé aussi Maxime Planude, qui vivait dans le premier tiers du XIVe siècle, ce moine, natif de Nicomédie, vivait sous Andronic, et il est connu par plusieurs traductions en grec. Jusqu'à de nouvelles découvertes, le plus sûr est de considérer la version grecque de la guerre des Gaules comme l'ouvrage d'un anonyme.

Je me contente de relater le fameux passage *in Sequanos*, que l'interprète grec paraît comprendre comme Dion Cassius et Plutarque, et de noter qu'il nomme *Alésia* l'oppidum des *Mandubii*, adoptant ainsi la forme donnée par Florus seul.

II

Les nombreuses dissertations qui ont été publiées pour déterminer l'emplacement d'Alésia placent ce lieu dans quatre régions différentes.

Les uns proposent *Alise-Sainte-Reine* (Côte-d'Or), et cette opinion a été longtemps admise sans objection. D'autres tiennent pour *Alaise*, petite commune du canton d'Amancey (Doubs) c'est en 1855 que M. Delacroix, architecte de

---

1 Hoc adversus Allobrogas bellum Æduis committit (Vercingetorix), qui congressi, multis suorum obtruncatis, amicitiam romanam utilem fuisse senserunt, sub qua dudum honorati quietique vixerant. Cæsar interea in Sequanos proficiscitur, cujus iter Vercingetorix fugam ratus, ad concilium suos vocat.
2 Pulsi inprimis Mandubii, quorum erat oppidum, quique eos amice suis muris exceperant; documentum evidens, ne quis armatos hospites intra suum limen sponte recipiat ; cedunt enim jura armis.
3 Hancque deditionem (Vercingetorigis) Florus brevis et comptus historicus ad Gergoviam factam dicit, ubi nil prosperum fuisse, his credendum qui rebus interfuere.

Besançon, frappé de l'importance des vestiges antiques observés par lui à Alaise et aux environs, fut amené à combattre l'assimilation d'Alise-Sainte-Reine avec l'antique *Alésia*, et commença cette polémique scientifique qui dure depuis douze années. La Bresse voulut ensuite détrôner à la fois la Bourgogne et la Franche-Comté, et un troisième système se révéla, plaçant *Alésia* aux environs d'Izernore (Ain), sur le plateau de Fossard, à *Chalex*, qui aurait pu s'appeler jadis Alex ; pour cela il faut admettre qu'à l'époque gallo-romaine, le *c'h* celtique, aspiration gutturale qui n'avait pas d'équivalent en latin, disparut. Vint ensuite la Savoie qui, elle aussi, voulut s'annexer *Alésia* cet oppidum aurait été situé près de Novalaise, sur le plateau de la Crusille, entre Gerbaix, Ayn, Dullin et Rochefort.

Une fois l'emplacement choisi, chacun s'est mis à travailler avec passion on a abusé de la liberté de deviner des étymologies ; chacun a accommodé la description des opérations militaires de César à la topographie de son *Alésia*. On a cherché dans la dénomination des lieux-dits les souvenirs de la grande lutte des Gaulois contre les Romains. — A propos des lieux-dits, je saisis l'occasion toute naturelle de manifester mes scrupules.

J'avoue avoir la conviction profonde du peu de profit que l'on peut retirer de l'étude des noms de lieux-dits, pour aider à fixer des événements remontant à une haute antiquité. Ou ces dénominations sont significatives dans leurs formes, ou elles n'ont de sens que grâce à une interprétation.

Lorsque les noms des lieux-dits présentent un sens net et indiscutable, c'est, je crois, avec une grande prudence qu'il y a lieu d'en invoquer le témoignage. La plupart des camps de César n'ont jamais vu le proconsul ; j'ajouterai que leur origine romaine est très contestable ; le curieux oppidum de La Cheppe (Marne), porte le nom de *camp d'Attila* sans y avoir le moindre droit ; le donjon de Provins a été *tour de César* ; les églises de Montmorillon et de Lanlef (Côtes-du-Nord), ont conservé longtemps la dénomination de *temples*, parce qu'on les considérait comme des édifices consacrés jadis au culte païen ; bien plus, probablement à cause de la première erreur, le prétendu temple druidique de Lanlef est devenu plus tard un oratoire de Templiers, auxquels cependant il n'a jamais appartenu. Je connais plusieurs lieux-dits appelés la Bataille, simplement parce qu'ils servaient aux duels et aux joutes.

C'est bien autre chose lorsque, dans un nom de lieu on cherche à découvrir un sens ici il n'y a plus que de l'arbitraire. On retrouve alors les traces des lieutenants de César et de leurs campements; des expressions employées dans les *Commentaires* s'appliquent à des lieux-dits : *mouniots* vient de *munitiones*, *conat* de *conatus*, etc. Je voudrais bien voir prouver qu'à Sébastopol ou à Anvers, le peuple a emprunté ainsi les noms des généraux français, ou baptisé certains points de dénominations prises dans les relations composées plusieurs années après par les vainqueurs.

Donc, en règle générale, je ne me fie pas plus aux lieux-dits qu'aux traditions. Ces sources altérées à chaque siècle par l'influence de l'imagination populaire, aidée de ce que les érudits peuvent y ajouter en passant, ne peuvent que faire composer une histoire fantastique. — Je ne serais pas étonné que la discussion des partisans d'Alaise et d'Alise, n'ait, sur le plateau d'Amancey, créé des traditions qui ne datent que de douze ans, mais qui se répéteront encore dans plusieurs centaines d'années, commentées et considérablement complétées.

Mais revenons aux emplacements proposés pour Alésia. Je commencerai par dire quelques mots des deux systèmes qui ne me paraissent pas pouvoir faire l'objet d'une discussion : ce sont ceux qui prétendent transporter cet oppidum en Bresse et en Savoie.

M. Gravot n'arrive à proposer Chalex qu'en récusant le témoignage de César d'une façon un peu sévère[1], et en se lançant dans nue série de conjectures étymologiques très hasardées. Pour lui le nom du pays de Gex, *Gé Es*, signifie *terre de Mercure* ; les nombreuses localités de cette région dont les dénominations se terminent en *ex*, révèlent la présence du culte d'Esus ; le Bugey est le delta celtique mentionné par Polybe.

M. Th. Fivel accepte le témoignage de César, mais il l'interprète d'une manière que la logique et la grammaire ne permettent pas d'admettre. — Je discuterai plus loin le fameux passage des *commentaires* qui fait mention de la marche des Romains par le pays des *Lingones*, vers celui des *Sequani* pour se mettre à portée de secourir les *Allobroges* menacés par les Gaulois révoltés. — M. Fivel conduit César en pleine Séquanie, et place du côté de Sathonay (Ain), le combat de cavalerie qui précéda l'investissement d'Alésia. Il s'occupe également du delta celtique, mais, aussi malheureux que M. Gravot, il est démenti par Polybe lui-même et par Tite-Live, qui mettent ce delta, inutile dans la question qui nous occupe, au confluent de l'Isère et du Rhône. Il serait trop long et inopportun de signaler tout ce qu'il y a de contestable dans la traduction des textes proposée par M. Fivel.

Tout en rendant justice à la bonne foi de ces deux écrivains, on ne peut s'empêcher de rapprocher leurs thèses de la dissertation paradoxale que publia jadis Hours de Mandajors pour placer *Alésia à Alais* (Gard)[2]. Si de notre temps on a torturé les textes, Hours de Mandajors, plus hardi, avait placé de la façon la plus favorable à son système les peuplades gauloises mentionnées dans les récits de César. Les *Lingones* étaient à Langogne ; les *Sequani* à Orange ; *Agedincum* était Angers.

Nous restons donc en présence d'Alise-Sainte-Reine et d'Alaise. Je vais examiner successivement les différents points qui me semblent fournir des éléments utiles pour arriver à la solution de la question: les deux premiers, à mon avis, touchent aux *Mandubii* dont *Alésia* était la capitale, et à la marche de César avant le siège de cette place.

Un point important pour la solution de la question, serait de pouvoir fixer exactement la place que les *Mandubii* occupaient sur la carte des Gaules ; malheureusement nous avons à cet égard des données si vagues que là encore règne le doute. Les uns veulent que ce peuple ait été client des *Ædui* rien ne le prouve. Bien plus, l'expression employée par César, après la reddition d'Alésia, expression invoquée par les partisans d'Alaise, *his rebus confectis, in Hæduos proficiscitur*, établit assez clairement que *Alésia* ne devait pas se trouver sur le territoire Eduen. Je m'empresse d'ajouter que rien non plus ne permet de supposer que les *Mandubii* aient été clients des *Sequani*.

Les partisans d'Alise-Sainte-Reine veulent que l'Auxois représente l'ancienne circonscription territoriale des *Mandubii*, ou au moins une partie de cette circonscription. Ceux qui tiennent pour Alaise, cherchent dans le nom même,

---

[1] A. Gravot, Étude sur l'Alésia de Cesar, Alise-Izernore, 1862. *Ce texte*, dit M. Gravot, *serait un des plus importants si l'on pouvait y avoir confiance. Malheureusement il est tout à fait indigne de foi.* (p. 57).
[2] *Éclaircissements sur la dispute d'Alyse en Bourgogne et de la ville d'Alez, capitale des Sévennes en Languedoc, au sujet de la fameuse Alezia assiégée par César.* Avignon, 1715.

Man Dhuib, l'indication d'un peuple habitant le voisinage du Doubs ; dans cette hypothèse, les *Mandubii*, auraient occupé, autant que l'on peut en juger par des indications assez vaguement établies, une zone limitrophe des *Lingones* et des *Ædui*, à l'ouest de Besançon[1]. Dans le système qui met *Alésia* en Bresse, les *Mandubii* auraient été dans le pays de Nantua, et leur dénomination, *man dubii* indiquerait leur position frontière[2]. Si Alésia est à Novalaise en Savoie, les *Mandubii* forment un pagus des *Allobroges*, situé entre le Rhône, l'Isère et le Guiers.

De ces différents systèmes, deux reposent sur des étymologies qui ne présentent aucun caractère sérieux ; celui de M. Fivel est parfaitement arbitraire. Voyons ce que disent les textes anciens.

César et Strabon parlent de l'oppidum des *Mandubii*, qu'ils nomment Alésia. Le premier ajoute que ce peuple était riche en troupeaux, et le second qu'il confinait aux *Arverni*.

Cette dernière allégation est si étrange qu'il faut craindre une erreur de la part du géographe. M. Desjardins a proposé une interprétation très ingénieuse, mais qui ne favorise aucun système, puisqu'elle peut s'appliquer aux *Mandubii*, qu'ils soient au nord ou à l'est des *Ædui*. M. Desjardins pense que

Strabon était préoccupé de la prépondérance exercée par les *Arverni* sous Bituitus, et *peut-être* sous Celtillus, père de Vercingétorix : ils dominaient alors depuis les Pyrénées et l'Océan jusqu'au Rhin : les *Ædui* étant clients des *Arverni*, les *Mandubii*, limitrophes des *Ædui*, sur l'autre rive de la Saône, pouvaient être considérés par Strabon comme touchant aux *Arverni*, c'est-à-dire aux peuples soumis à ceux-ci. J'avoue que je préfère croire à une inexactitude de Strabon, ou à une erreur de copiste qui, dès l'antiquité, aura substitué le nom des *Arverni* à celui de quelque autre peuple, les *Ædui*, par exemple.

Eu résumé, nous n'avons aucune notion certaine sur la position topographique des Mandubii. César est le seul qui nous affirme leur existence, et on doit le croire puisqu'il a été chez eux ; rien ne prouve qu'ils aient été alors une tribu éduenne ou séquane. C'était probablement une population autonome : la manière dont Vercingétorix fut accueilli dans *Alésia* prouve implicitement que cet oppidum était le chef-lieu d'un peuple indépendant.

Strabon parle encore des *Mandubii* dans le premier quart du premier siècle : après lui il n'en est plus question. Dans ses longues énumérations, vers le dernier tiers du même siècle, Pline, qui parle d'*Alésia* quelque part, ne mentionne pas les *Mandubii*. On serait presque en droit d'en conclure que les *Mandubii* disparurent comme peuple dans le courant du premier siècle de l'ère chrétienne, mais postérieurement au siège d'*Alésia*. J'avoue que, comme Sanson, jadis, je ne serais pas éloigné de penser que leur territoire fut démembré au profit des nations voisines, et que ce démembrement put avoir lieu à la suite des changements opérés dans les limites des anciennes populations gauloises par l'administration romaine. Je vais même plus loin, et je propose une hypothèse qui mérite, je crois, d'être étudiée.

Les personnes qui se sont occupées de la géographie antique de cette partie de la France, sur les lieux mêmes, sont disposés à croire que, primitivement,

---

[1] A. Delacroix, *Alaise et la Séquanie*. — Alfr. Jacobs, *le Pagus aux différentes époques de notre histoire*.
[2] A. Gravot, *Étude sur l'Alésia de César*.

l'Avalonnais, le Duesmois et l'Auxois firent primitivement partie d'une ancienne circonscription territoriale qui représente le territoire des *Mandubii*[1].

Aujourd'hui encore, ces pays offrent une grande analogie, au point de vue de l'aspect topographique, des moeurs et des costumes des habitants. Je constate en outre que l'angle formé par l'ancien diocèse de Langres comprenait jadis une circonscription ecclésiastique, bien limitée, qui était l'archiprêtré de Réome ou de Montier-Saint-Jean : ne serait-il pas permis de considérer cet angle comme une annexion faite par les *Lingones* sur le pays des *Mandubii* ? Si mes conjectures sont justifiées par une étude ultérieure, il y aurait lieu, sur la carte des Gaules, d'inscrire le nom des Mandubii horizontalement, au nord du diocèse d'Autun, de manière à y comprendre l'Avallonnais, l'Auxois, l'archiprêtré de Réome et le Duesmois.

On ne doit pas oublier que, dans le courant du premier siècle, principalement dans la partie de la Gaule qui nous occupe en ce moment, il y eut des délimitations qui modifièrent les anciennes circonscriptions. Tacite ne nous dit-il pas que Galba avait diminué le territoire de certaines cités ? Proximæ tamen germanicis exercitibus Galliarum civitates, non eodem honore habitæ, quædam etiam finibus ademptis pari dolore commoda aliena ac suas injurias metiebantur[2]. — La partie principale du territoire mandubien pourrait parfaitement être l'Auxois[3], attribué alors aux *Æduii*, et cette circonscription devenue pagus aurait pris le nom du chef-lieu.

Un fait qui me semble, sous toutes réserves, indiquer que Alise-Sainte-Reine, à l'époque gallo-romaine, fit encore partie, quelque temps, d'une circonscription ayant conserve son autonomie, c'est l'inscription trouvée dans cette localité au milieu du XVIIe siècle, et malheureusement détruite en 1813 :

TI. CL. PROFESSVS NIGER OMNIBVS

HONORIBVS APVD AEDVOS ET

LINGONAS FVNCTVS DEO MORITASGO

PORTICVM TESTAMENTO PONI

IVSSIT SVO NOMINE IVLIÆ

VIRGVLINAE VXORIS ET FILIARVM

CL. PROFESSAE ET IVLIANAE VIRGVLINAE

IVL. VIRGVLA FILIA MOERENS POSVIT

---

1 *Bull. de la Soc. des Se. hist. et natur. de Sémur*, 1864, article de M. J. J. Locquin. — *Bull. de la Soc. D'Études d'Avallon*, 1859, art. de M. Baudoin.
2 Tacite, I, 8.
3 L'Auxois, *pagus Alsensis*, était une circonscription territoriale dont nous connaissons l'existence depuis le Ve siècle : c'est dire que ce pays formait un territoire distinct depuis l'antiquité ; son étendue varia, et au VIIIe siècle nous le voyons encore diminué par la formation du *pagus Dusmensis*. L'Auxois tirait son nom de l'ancien oppidum qui avait été son chef-lieu, mais qui, après avoir été ruiné et abandonné en partie, fut remplacé par Sémur ; à la fin du dixième et au commencement du onzième ; l'Auxois porta la dénomination de *comitatus*, et sous Charlemagne était réuni, au point de vue administratif au comté d'Avallon ; les comtes d'Auxois se qualifiaient comme *Alsinsis comitatus*, et *amministrator reipubliea comitatus Alsinsis et Dusminsis*. Malgré qu'ils se soient succédés héréditairement jusqu'au milieu du XIe siècle, ils paraissent avoir été amovibles. C'est d'eux que la maison de Vergy prétendait tirer son origine.

Il est permis de croire que Titus Claudius Professus Niger, indiqué ainsi comme ayant rempli les plus hautes fonctions chez les *Ædui* et les *Lingones*, et non pas simplement chez ses compatriotes, APUD SVOS, ne se trouvait, alors, à Alise, ni sur le territoire dont Langres était la capitale, ni dans la circonscription qui relevait d'Autun.

Un principe incontestable, je crois, peut être ainsi formulé : parmi les témoignages écrits que l'on peut employer à l'appui d'un événement ou d'un épisode historique, ceux auxquels on doit ajouter le plus de confiance sont ceux émanant de contemporains : on doit reconnaître une certaine autorité aux récits de témoins oculaires. Or, pour que la ville d'Alésia ait été située dans les régions où l'on prétend la placer, en dehors de la haute Bourgogne, il faut altérer le sens du témoignage de César, contemporain et témoin du siège de cet oppidum: d'autres, nous l'avons vu, vont plus loin, ils nient complètement la valeur du texte de César.

Je sais que César eut des détracteurs qui, à Rome même, se méfiaient de su véracité : ils l'accusaient, lorsqu'il parlait de lui-même, d'avoir donné parfois des relations erronées, soit à dessein, soit par défaut de mémoire. Ici, le rôle de la critique consiste à faire avec prudence la part de ce qui doit être admis.

Je veux bien, un instant, que César ait cherché à dissimuler ses échecs, à exagérer le nombre des ennemis défaits par ses soldats; j'admets encore qu'il ait exalté les mérites des Gaulois dévoués aux Romains et traîtres à leur patrie; que, par contre, il ait dépeint sous les couleurs les plus défavorables ceux qui lui tenaient tête; mais je ne puis croire que, sans aucun intérêt, il ait prétendu donner le change sur la route suivie par lui vers une région dans laquelle il remporta une victoire. Sinon il faudrait considérer le récit de la guerre des Gaules comme un roman historique, et ne jamais s'en servir dans une étude sérieuse; ce serait un précédent pour récuser la valeur de tous les *mémoires*, j'allais dire de toutes les histoires écrites par des auteurs racontant ce qu'ils ont vu de leurs yeux, ce qu'ils ont fait eux-mêmes.

Je ne vois pas dans quel but César aurait dissimulé l'itinéraire suivi par lui pour regagner en toute hâte la province romaine. Or que nous offre à ce sujet le texte des *Commentaires* ? — Une courte phrase qui est bien simple, mais que l'on traduit de différentes manières suivant la thèse que l'on veut soutenir :

> Quum Cœsar in Sequanos per extremos Lingonum fines iter faceret, quo facilius subsidium Provinciæ ferri posset...

M. Quicherat proposa d'abord :

> Au moment ou César passait de la frontière des Lingons cri Séquanie, pour porter secours à la province romaine par un chemin moins disputé[1].

Plus tard, mon savant ami modifia cette traduction en serrant le texte latin de plus près :

> Lorsque César se rendait en Séquanie par la frontière des Lingons, pour qu'assistance fût portée plus facilement à la Province[2].

M. Castan adopta la traduction d'Artaud, assez semblable à la seconde version de M. Quicherat, mais complétée par un mot échappé à celui-ci :

---

[1] *Revue archéologique*, 1857, p. 377.
[2] *L'Alésia de César rendue à la Franche-Comté*, 1857.

> Tandis que César se dirigeait vers la Séquanie par l'extrême frontière des Lingons, pour porter à la Province un plus facile secours.

M. Fivel a fait une paraphrase plutôt qu'une traduction, et cela pour arriver à un autre sens :

> Comme César regagnait la Province en traversant le pays des Séquanais où il était entré par l'extrême frontière des Lingons, chemin le plus aisé et le plus prompt pour porter secours à la Province.

Il me semble que la traduction de MM. le général Creuly et Bertrand est encore la plus simple :

> Lorsque César faisait route sur les confins des pays Lingons, se rendant chez les Séquanes afin d'être plus à portée de secourir la Province.

César était en marche, cum iter faceret ; son plan était de pénétrer dans le pays des *Lingones*, et de passer leurs frontières méridionales, per extremos Lingonum fines, pour pénétrer en Séquanie, in Sequanos. Je dis que tel était le plan qu'il voulait suivre dans sa marche, et que rien ne prouve que cet itinéraire ait été accompli lorsque Vercingétorix vint lui barrer le passage : s'il eût été déjà rendu en Séquanie, il y aurait iter fecisset, et in Sequanis. La grammaire le veut ainsi, et César écrivait correctement.

M. Delacroix a cité un autre exemple de l'expression in Sequanos, et je crois qu'il a donné des armes contre lui. C'est à la fin du premier livre qu'il emprunte son texte. Après la défaite d'Arioviste, César conduit son armée en Séquanie pour y prendre ses quartiers d'hiver, in hiberna in Sequanos exercitum deduxit. Cette citation n'aurait de valeur qu'autant qu'il serait établi que la bataille où fut vaincu Arioviste avait en lieu sur le territoire des Sequani : il n'en est rien, et tout concorde à faire croire que le combat en question fut livré dans la plaine de l'Alsace, probablement dans le pays des *Tribocci*. César victorieux n'était pas sur le sol Séquane, mais il y revenait. De même qu'avant le siège d'*Alésia*, il n'était pas arrivé sur le territoire Séquane, mais avait l'intention de le gagner pour se trouver ensuite à portée de la Province.

Examinons les deux systèmes sérieux qui ont été proposés pour expliquer les opérations militaires immédiatement antérieures au siège d'*Alésia*. La discussion porte sur un point principal, à savoir le lieu probable où fut donné le combat de cavalerie engagé par Vercingétorix dans l'espoir d'arrêter l'armée romaine.

Si l'on jette un coup d'oeil sur la carte des Gaules, telle qu'elle est comprise maintenant, on remarque que le territoire des *Lingones* est fortement entamé au sud par un angle qui, plus tard, fut l'Auxois, dont Alise-Sainte-Reine était le chef-lieu. Les partisans d'Alise y voient le pays des *Mandubii* ; les partisans d'Alaise y voient une fraction du pays des Ædui[1]. Dans l'une et l'autre hypothèse, cette enclave était un pays ennemi pour les Romains, qui n'avaient pas à s'y engager. Le combat de cavalerie fut-il livré à l'est ou à l'ouest de l'Auxois[2] ?

---

[1] Si l'on adoptait l'opinion proposée par moi un peu plus haut sur l'étendue du territoire *Mandubien*, il est évident que le combat de cavalerie aurait été livré soit lorsque César venait d'y pénétrer, Soit au moment où il allait y entrer. Le système de M. le général Creuly pourrait néanmoins subsister.
[2] M. le duc d'Aumale place ce champ de bataille au nord de Châtillon-sur-Seine ; M. Gouget, sur les bords du Suzon à l'est et au sud-est de Dijon, entre Saint-Apollinaire et Corcelles en Monceau ; M. Rossignol, à l'est de Perrigny ; M. Pistolet de Saint-Ferjeux, près de la ferme d'Allenfroy sur le

MM. Delacroix et Quicherat supposent que César traversa tout le pays Lingon, en évitant l'enclave formé par l'Auxois, et que, voulant passer entre les Vosges et le Jura, pour aller du côté de Genève, il traversa la Saône sans obstacle, aux environs de Gray, à Mantoche, par exemple. Il aurait rencontré Vercingétorix campé en Séquanie sur l'Ognon ; l'engagement de cavalerie aurait en pour théâtre le mont Colombin; les Gaulois battus se seraient retirés en passant le Doubs, sous Osselle, et seraient arrivés à Alaise en livrant plusieurs combats, dont la continuité serait prouvée par les tumulus assez nombreux qui jalonnent cette route[1].

J'avoue que l'hypothèse proposée par M. le général Creuly me semble beaucoup plus admissible : il place le combat de cavalerie en question à l'ouest de l'Auxois ; suivant lui, César aurait été campé à Montréal-sur-le-Serain, et Vercingétorix près de Viserny, derrière l'Armançon. Remarquons que l'Armançon est à 18 kilomètres d'Alise-Sainte-Reine, et qu'après la bataille qui avait encore porté les Romains en avant, ceux-ci n'avaient plus qu'une faible distance à parcourir pour gagner l'oppidum dans lequel les Gaulois s'étaient réfugiés.

Le récit des commentaires donne une certaine force au système de M. le général Creuly.

César, forcé de lever le siége de Gergovie, pense d'abord à se rendre chez les *Ædui* ses alliés apprenant leur défection, il se dirige à marches forcées sur un point de la Loire qu'il traverse à gué ; là il songe à gagner le pays des *Senones*, iter in Senones facere instituit[2]. Rien ne prouve qu'il y ait été. M. le général Creuly l'établit très clairement par une étude attentive de la relation de César[3]. Après la campagne de Paris, Labienus revient par Sens, et fait sa jonction avec César, on ne sait où, mais certainement moins au nord qu'on ne le suppose généralement[4]. César, que la cavalerie demandée en Germanie avait également rallié, n'avait pas d'autre but que de se tenir à portée du pays des *Allobroges*, c'est-à-dire de Vienne, menacé par les Gaulois révoltés sur l'ordre de Vercingétorix, et sa marche naturelle était de gagner par le territoire lingon, pays ami, une position qui le mît à portée de la Province ; cette marche devait lui faire côtoyer le pays éduen, quartier général de Vercingétorix, dans la direction de la Séquanie ; le Gaulois, arrivant par l'Auxois, pays éduen ou mandubien, mais certainement ennemi, tente de barrer le passage aux Romains au moment où ils entrent ou vont entrer sur le territoire des *Lingones*.

La position topographique de l'*oppidum* doit être discutée.

---

territoire d'Auberive ; d'Anville, entre Tonnerre et Rosières ; l'empereur Napoléon III, adoptant l'opinion de M. Defay, de Langres, sur les bords de la Vingeanne entre Aprey et Longueau.
[1] Je reviendrai sur les conséquences que l'on peut tirer de la présence de tumulus plus ou moins nombreux ; mais dès à présent, je fais remarquer qu'une armée disputant le terrain pied à pied. tout en se retirant avec une certaine précipitation, n'a guère le temps d'élever des tumulus sur les dépouilles des soldats qui tombent en chemin.
[2] César, l. III, 56.
[3] *Carte de la Gaule sous le proconsulat de César, examen des observations critiques auxquelles cette carte a donné lieu, etc.*, 1864, p. 88 et sqq.
[4] M. le duc d'Aumale propose les environs de Vitry-la-Ville ; M. L. Fallue, Châlons-sur-Marne ; M. G. Gouget, les environs de Tonnerre ; M. Bousson de Mairet, les environs de Sens ; M. Rossignol, Auxerre ; M. Pistolet de Saint-Ferjeux, le camp de Sainte-Germaine qui domine Bar-sur-Aube ; l'empereur Napoléon III, Joigny ; M. le général Creuly, sur la route de Sens à Nevers, et probablement à Nevers même. — Je ne parle pas des conjectures qui ont été proposées par les personnes qui ont cherché hors de la Bourgogne et de la Franche-Comté l'emplacement d'Alésia.

Alésia, d'après César, était située sur une colline tellement élevée qu'il ne semblait possible de la prendre autrement que par un siége en règle. Deux rivières, une de chaque côté, baignaient le pied de la colline ; devant l'oppidum s'étendait une plaine de trois mille pas environ de longueur. Sur les autres faces, des collines de pareille altitude l'entouraient à une faible distance.

Strabon, comme César, dit qu'*Alésia* était sur une hauteur; λόφος ; est parfaitement synonyme de collis, et le sens véritable de ces deux mots est tertre, éminence, colline, Strabon parle également des autres collines qui entouraient celle qui était le siége de l'oppidum, et de deux rivières.

Or à Alaise, les montagnes qui environnent, le point où l'on veut placer *Alésia*, sont beaucoup plus élevées que ce point ; les deux rivières, le Lison et le Todeure, baignent non pas le pied d'*une* colline, mais la base d'un massif de huit ou dix collines. La plaine est placée dans une vallée, sur un plan incliné de 150 mètres de long et d'une largeur d'un peu moins d'un kilomètre. Un combat de cavalerie, sur ce terrain transformé en *planities*, paraît dépasser les limites de l'arbitraire[1].

À Alise-Sainte-Reine, nous trouvons une colline dont la base est baignée par l'Oze et l'Ozerain ; elle est entourée de hauteurs dont l'altitude est conforme au récit de César: devant l'oppidum est une plaine sur l'étendue (le laquelle on a écrit beaucoup de pages: elle est plutôt trop étendue que trop restreinte. Remarquons, une fois pour toutes, que si César n'en apprécie qu'approximativement la superficie — il dit circiter — on peut croire qu'il ne s'est occupé que de la partie qu'il avait à sa portée. N'écrivant pas au jour le jour, mais longtemps après l'événement, César, dans ses souvenirs, n'a en en vue que l'ensemble topographique du pays qui avoisinait immédiatement le théâtre de l'événement principal.

Parmi les objections présentées avec une certaine insistance par les archéologues francs-comtois, j'en note deux qui, dit-on, viennent s'opposer à l'acceptation de beaucoup de points qui, à Alise, semblent réaliser la description de César, de manière à faire illusion. C'est d'abord la superficie du Mont-Auxois, comparée au nombre de combattants et d'habitants réunis dans l'oppidum[2]. C'est ensuite les vingt ou trente mille sépultures constatées à Alaise, lorsque, à bien dire, il n'y a pas de tumulus à Alise. Ce dernier fait indiquerait le séjour de masses armées, tombées en combattant, et non pas le séjour de populations normales et paisibles[3].

La superficie du Mont-Auxois est facile à calculer ; mais nous sommes moins certains quand il s'agit du chiffre des combattants, encore moins du nombre des *Mandubii* qui s'y trouvaient pendant le siège. Laissons de côté les 170.000

---

[1] Victor Revillout, *Alaise, Alise, ni l'une ni l'autre ne peut être l'Alésia de César*, p. 24 (1856).
[2] Je crois parfaitement inutile de faire ici une nouvelle étude du sens que l'on doit attacher au mot oppidum. Il est suffisamment établi que l'oppidum gaulois était un lieu habité, situé dans des positions naturellement fortes, soit sur des hauteurs, soit dans les plis d'une rivière ; on y ajoutait au besoin des défenses artificielles, et lorsque le pays était envahi, les populations dispersées dans les villages, vici ou dans des habitations isolées, ædificia, s'y retiraient et s'y entassaient. C'est ce qui se passait au moyen âge lorsque dans le château du seigneur, ou dans des villes fortifiées, généralement peu spacieuses, les populations rurales venaient s'entasser, pour chercher un refuge contre les attaques de l'ennemi commun. Voy. Examen historique et topographique des lieux proposés pour représenter Uxellodunum, par le général Creuly et Alfred Jacobs, 1860, p. 33 et sqq.
[3] Le vicomte Chifilet, *Une excursion en Bourgogne, 1861* : — *Étude sur l'Alésia de Franche-Comté*, 1862. — F. Prévost, *Recherches sur le blocus d'Alésia*, 1858, p. 64 et sqq.

soldats mentionnés par Plutarque, et conservons les 40.000 hommes dont parle César. A la rigueur je pourrais faire observer que, depuis que les hommes se battent entre eux, le vainqueur, dans ses récits, ne peut jamais être accusé d'avoir diminué le nombre de ceux dont il a triomphé. Eh bien, dans un siège, lorsque la nécessité fait loi, 80.000 hommes peuvent être massés sur une superficie de 100 hectares. Ne savons-nous pas, d'après les historiens contemporains, qu'à Jérusalem, lors du siége de Titus, on affirme que plusieurs centaines de mille hommes se trouvèrent renfermés dans 94 hectares ? or le Mont-Auxois en a au moins 97.

On fait remarquer qu'il faut ajouter à la garnison d'Alésia la population mandubienne qui s'y était réfugiée mais où voyons-nous que tous les *Mandubii* avaient eu le temps d'y venir ? N'avons-nous pas un détail qui semble établir que les *Mandubii* retirés à Alésia n'étaient pas si nombreux qu'on veut le faire croire ? Après le discours de Critognat, cette population, du moins la partie qui ne pouvait pas servir à la défense, fut chassée de l'oppidum, et mourut misérablement entre les remparts de la place et les lignes romaines. Peut-on d'après cela supposer qu'il y avait là beaucoup de milliers d'individus ?

Quant à l'objection tirée des innombrables sépultures des environs d'Alaise, je ne puis admettre, par les motifs que j'ai déjà fait pressentir, les conclusions que l'on veut en déduire. Je renverserais volontiers la proposition, et je dirais que ce grand nombre de sépultures indique le séjour de populations normales et paisibles, plutôt que la trace de masses armées tombées en combattant.

Que l'on veuille, en effet, parcourir les champs de bataille sur lesquels se sont livrés les combats les plus acharnés; je parle ici des champs de bataille les moins antiques, comme de ceux qui datent d'une époque très reculée. Je suis certain que l'on ne pourra y trouver des sépultures caractérisées, faites suivant certains rites. Si plus de vingt mille tumulus disséminés autour d'Alaise couvrent les restes de cent mille guerriers au moins, reconnaissables à leurs insignes militaires, je demanderai qui a pu rendre les derniers devoirs à tous ces morts ? Combien a-t-il fallu de temps pour élever ces monticules funéraires ? Qui donc s'est chargé d'enterrer les Romains, et à quoi reconnaît-on leurs sépultures[1] ?

Un peu plus loin nous verrons que l'archéologie nous donne l'explication de la présence de ces nombreux tumulus, et leur date approximative. Mais avant d'aborder la question sous ce point de vue, qui n'a jamais encore, à ma connaissance, été pleinement envisagé, je demande à mes lecteurs la permission de leur soumettre quelques observations qui sont du domaine de la philologie.

On n'a pas négligé de disserter sur le mot ALÉSIA, afin de déterminer si de cette forme latine pouvait procéder *Alise* ou *Alaise* : la discussion n'a guère abouti qu'à des affirmations et à des négations qui n'ont convaincu personne. Il importe de fixer ce détail qui, dans la question, a aussi sa valeur.

Notons tout d'abord que l'on a nié franchement que jamais Alise-Sainte-Reine se soit nommée Alésia. Cette allégation est aujourd'hui réduite à néant par les textes ; j'ai donné la copie d'un diplôme de l'an 838, qui, à deux reprises, parle d'Alise, en nommant cette localité Alésia. Il importe seulement d'établir, ce qui

---

[1] A Castan, *Les tombelles celtiques et romaines d'Alise*. (*Mém. de la Société d'émulation de Besançon*, 1859 et 1861).

est facile, je crois, que ce diplôme est antérieur aux ouvrages du moine Héric qui, lui aussi, employait la même forme.

L'érudition d'Héric, en effet, ne put pas influer sur la rédaction du diplôme de Lothaire ; dans la lettre dédicatoire du poème, lettre adressée à Charles le Chauve, le moine de Saint-Germain-d'Auxerre fait allusion à la mort de son élève, le fils du roi, qui se nominait Lothaire. Or, d'après les chroniques de Moutier-Saint-Jean et de Adon, archevêque de Vienne, Lothaire dit le Boiteux, abbé de Saint-Germain-d'Auxerre, mourut en 866[1]. Le poème d'Héric est donc postérieur à cette date, et nous avons implicitement la preuve qu'il fut composé environ trente ans après le diplôme de 838. — Donc bien avant Héric, Alise s'appelait quelquefois *Alésia*.

M. Quicherat, dans un excellent article sur la *formation française des anciens noms de lieu*, a posé une règle qui doit être rappelée ici. Voici en quels termes s'exprime mon savant ami : *Des voyelles fortes, c'est-à-dire de celles que faisait ressortir la prononciation, ont été remplacées par d'autres voyelles, simples ou doubles, notamment a par è ou ai, — e par i, — o par au, u, ou, eu, — et réciproquement.*

La numismatique mérovingienne fournit de nombreux exemples de cette permutation de l'E en I : les légendes des tiers de sous nous donnent BVRDEGALA et BVRDIGALA ; AVGVSTEDVNVM et AVGVSTIDVNVM ; TRECAS et TRICAS ; ABRENKTAS et ABRINKTAS ; ALFECO et ALFICO ; AMBEANIS et AMBIANIS ; ANDECAVIS, ANDICAVIS et ANDECAVES ; AVRELIANIS et AVRILIANIS ; LEMOVECAS et LIMOVECAS ; PALAGEOLO et PALACIOLO ; BASELICI et BASILICI ; SEDVNENSIVM et SIDVNENSIVM ; VEREDVNO et VIRIDVNO. — Héric qui dit Alésia dit aussi *Augustidunum*, *Tricorum*, *pagus Cinomannicus*[2] ; l'Alsace est appelée *Alesatia*, *Alisatia*, et même *Elisatia*. — *Alexanium* est devenu Alissan ou Alixan, bourg du département de la Drôme[3].

Dans des documents bourguignons, je note encore des exemples qui me paraissent venir à l'appui de ma thèse et aussi à l'appui de la règle posée par M. Quicherat : DECETIA, de l'itinéraire d'Antonin est devenu *Dysesia* en 1241 ; *Disise* en 1253 ; *Rebellum* en 1132, est *Ribellum* en 1253, *Riveau* aujourd'hui ; *Salveniacum* de 1205, se change en *Salviniacus* à la fin du XIIIe et au XIVe siècle, maintenant c'est Savigné[4].

M. Delacroix a avancé une proposition que je considère comme très hasardée et parfaitement contraire aux règles de la philologie et aux arguments que je viens d'exposer. *Alaise*, dit-il, *est la dérivation la plus exacte de ce que les Latins ont appelé Alésia, les Grecs* Ἀλεσία, Ἀλησία, Ἀλαισία [5]. Cette affirmation, répétée sans qu'on ait eu le soin de classer chronologiquement les textes invoqués à

---

[1] Hic (Carolus) ex regina Ermentrude, quator filios suscepit, Ludovicum, Carolum, Carlomannum et Lotharium. Ex bis Deo in clericali habita duos obtulit, Carlomannum et Lotharium. Sed Lotharius, puer bonæ indolis immatura morte præreptus est. — Anno 866... duo filii illius, ut dictum est, moriuntur Lotharius abbas et Carolus rex Aquitanorum.
[2] Héric, 1. V. 353 ; III, v. 291; *Miracles de saint Germain*, 1, 6, 68.
[3] *Dictionnaire de Géographie ancienne et moderne à l'usage du libraire et de l'amateur de livres*, par un bibliophile.
[4] Cartulaire de l'évêché d'Autun, par Anatole de Charmasse. Dans un autre cartulaire bourguignon, celui de Mâcon, par M. C. Ragut, je remarque encore, *Meseriaco*, Miseriat ; *Pescio*, Pizey ; *Telo*, *Tillo*, Le Thil ; *Verriacum*, *Viriacum*, Viré.
[5] Delacroix, *Alise et le Moniteur*, p. 81.

l'appui, tombe sans discussion devant le tableau qui suit et que je crois indispensable de mettre sous les yeux de mes lecteurs.

Ce tableau donne d'abord la liste des formes du nom d'Alésia fournis par les auteurs classiques. A partir du Ve siècle, je range sous deux colonnes les mentions d'Alise-Sainte-Reine, depuis le Ve siècle, et celles d'Alaise depuis le XIIe, qui représente la plus ancienne date trouvée sur cette localité.

Pour Alise-Sainte-Reine, nous constatons le changement de l'E en I et réciproquement ; j'ai établi combien cette permutation était fréquente et naturelle.

Pour Alaise, nous voyons se succéder les formes *Alasia, Alaise, Alésia, Alezia, Alaise* : or, cette généalogie, si je puis m'exprimer ainsi, est toute simple. Mais pour faire venir *Alasia* d'*Alésia*, il faut nier toutes les règles de la philologie ; il faut en quelque sorte vouloir faire remonter le courant d'un fleuve : la transformation de l'A en E par AI est naturelle, celle de l'E en À est inadmissible.

xxIntroduire Alesia1.gifxx

Note 2 du dessin1

	Alise-Sainte-Reine.	Alaise.
5ᵉ siècle	ALISIA (S. Jérôme2)	
	ALISIENSIS LOCVS (Constance)	
6ᵉ siècle	ALISIENSIS OPPIDUM (Fortunat)	
	ALISENSE OPPIDUM (Étienne Afr.)	
6ᵉ ou 7ᵉ siècle	ALISIA CAS(trum) (triens méroving.)	
9ᵉ siècle	ALESIA (diplôme de 838, Héric)	
	ALISIANA LOCVS (Raban Maur)	
12ᵉ siècle		ALASIA3
13ᵉ siècle	ALYSIA, ALISIA (Chartes	ALASIA, ALAISE2

---

1 On a pris en grande considération un tesson de poterie antique sur l'estampille de laquelle on a cru lire le nom ALESI. trouvé dans un tumulus au lieu dit Sur-Scey. Avec la meilleure volonté du monde il est impossible de déchiffrer ce mot. (Castan, *Rapport sur les tombelles celtiques et romaines d'Alaise*, p. 25.)
2 D'Achéry, II, 18, cité par M. Quicherat.
3 Bulle de Innocent III, de 1139, en faveur de l'abbaye Saint-Paul de Besançon rappelée par M. Delacroix, *Alaise et Séquanie*, 1860. p. 16 ; J. Quicherat, *Conclusion pour Alaise dans la question d'Alésia*, 1858, p. 54, note. *Jorerannus de Alasia* est mentionné dans une charte de 1192 rapportée par Guillaume, dans l'*Histoire des sires de Salins*, t. I, p. 75. — Dans les ouvrages dont je viens de rappeler les titres, on parle aussi du Nécrologe de St Paul de Besançon, à propos de l'anniversaire d'un personnage mort au commencement du XIIe siècle. Je crois pouvoir affirmer que la citation est inexacte, et que le document est d'une époque très moderne. En effet, ce manuscrit, qui appartient à la bibliothèque publique de Besançon, a été rédigé dans la seconde moitié du siècle dernier. Le texte signalé (n° 116) porte : XVII Kal. Martii, D. Stephanus subdiaconus, canonicus noster, pro quo habemus altare de Alasia (et non ALESIA) et altare de Myons, apud nos sepulus. Au n° 33, on lit Adeleidis de Alassie conversa nostra. Au n° 151, IV Kal. Martii, Hubaldus de Alasia qui dedit nobis dimidium allodii sui et medietatem molendini in eadem villa. Je dois dire que nous trouvons, dans ce nécrologe, une seule fois la forme Alésia, c'est au n° 17 : Adelena mater Hubaldis militis de Alésia.

	diverses1)	
	ALISIA VILLA, ALISE3.	
14e siècle		ALESIA (Nécrol. De S. Anatolle de Salins4)
15e siècle	ALISENCIVM REGIO5	
16e siècle		ALEZIA6

III

Il est temps maintenant de conclure : et je crois pouvoir le faire en établissant que Alise-Sainte-Reine est la seule localité à laquelle toutes les probabilités permettent d'assimiler l'ancien oppidum d'Alésia7.

---

1 M. A. de Charmasse a bien voulu me communiquer quelques textes inédits empruntés au Cartulaire rouge de l'évêché d'Autun : 1276, juillet, acte de vente d'une maison sise apud Alysiam, consentie en faveur de Girard, évêque d'Autun, par Étienne Boicheriz de Noiant, fils de Collin, maire de Noiant. — 1284, samedi, après la fête de saint Clément, serment prêté par Guillaume abbé de Flavigny,à Girard, évêque d'Autun, apud Alysiam, in domo episcopali. Je dois faire remarquer que la présence de l'i grec n'est que le résultat d'un caprice du copiste du cartulaire ; les chartes originales portent un simple i. Le cartulaire rouge donne d'autres exemples de l'i grec substitue à l'i, par exemple dans les mots Yllant, Duysmi, Gyssiacum.
2 Petrus et Fromudus de Alasia sont mentionnés dans des actes de 1234 et 1275 de St Paul de Besançon, par M. Delacroix. Quicherat, op. laud. p. 54. — Le même auteur donne Alaise d'après une charte de 1279, op. laud. p. 15.
3 M. de Charmasse m'a signalé deux actes des archives du chapitre d'Autun qui donnent ces dénominations : le premier, daté du 12 novembre 1317, est assez curieux par les renseignements topographiques qu'il donne: c'est une vente faite au chapitre par Firmin de Alisia des héritages suivants situés infra fines ville et territorii de Alisia ; campus de la Ville ; tria jornalia in loco qui dicitur la Murgeroye ; duo jornalia sita supra viam de la Porte ; duo jornalia in loco qui dicitur ou sentier de Delon ; dimidium jornale in loco qui dicitur a la Pointe ; XXVI jornalia in loco qui dicitur cheminum dou chomp effondrey ; duo jornalia apud la Trembloye ; duo jornalia in loco qui dicitur ou Pasquier ; unum jornale in loco qui dicitur au Guey ; domun quam inhabitat dictus Firminus apud Alisiam, peciam vinee sitam en la roiche au viguier ; vineam dou marchie ; vineam à la Verpillère ; vineam en Preygnom. — L'autre charte, datée du 17 septembre 1379, mentionne la saisie faite au nom du chapitre d'Autun par Bertrans, bailli de la temporalité sur Jean, fils de feu Firminet, de Alise.
4 M. Delacroix signale cette forme plusieurs fois répétée dans le nécrologe de St-Anatoile de Salins, rédigé en 1390, op. laud., p, 15.
5 Nous trouvons cette forme dans le bréviaire de Nevers de 1534 qui est à peu près la reproduction du bréviaire de 1494, à propos de saint Arigle (Agricola). Beatissimus Agricola regionis Alisencium indigena, non exiguis parentibus oriundus, imo digno germine digitissima proles. — Erat tunc temporis in Alisencium territorio puer Agricola nomine, senatorium possidens dignitatem.

6 La forme Alezia, qui est la plus récente, est celle qui est à plusieurs reprises employée dans le registre des naissances de la paroisse d'Alaise et Myon ; ce document contient des actes de baptême depuis 1567 jusqu'en 1653 (Alaise et Moniteur, par A. Delacroix, 1862, p. 82).
7 Je me suis abstenu rigoureusement de discuter les diverses tentatives qui ont été faites pour reconstituer les souvenirs religieux de l'époque gauloise. Ainsi que je l'ai déjà dit ailleurs à plusieurs reprises, nous avons encore si peu de données sur le culte de ces temps antiques, que je ne crois ni sage ni utile de venir proposer des systèmes dans lesquels l'imagination tient une trop large part. Un homme dont j'apprécie l'érudition, trouvant un fragment de fer à cheval dans un tumulus, avec des ossements d'animaux, et quelques instruments, a été amené sur des indices

Des savants auxquels leurs connaissances spéciales donnent une grande autorité, ont établi que les détails stratégiques donnés par César peuvent s'appliquer à Alise et au territoire qui l'entoure ; je ne crois pas, comme on l'a dit, que pour étudier et comprendre un siège accompli dans l'antiquité, les officiers du génie et d'artillerie doivent oublier pour un moment tout ce qui leur a été enseigné dans les écoles militaires[1]. On peut trouver des erreurs dans le nombre des combattants, dans la largeur des fossés, dans certains détails topographiques ; peu importe si, malgré des inexactitudes de détail, l'ensemble, néanmoins, est satisfaisant. Il n'est peut-être pas de relation de siège ou de bataille, même d'époque moderne, qui ne présente sur le terrain, après un certain laps de temps, des problèmes difficiles à résoudre qu'est-ce donc, quand il s'agit d'un lieu où le fait s'est passé il y a près de vingt siècles ? D'un lieu qui a toujours été habité, et dont l'emplacement et les alentours ont pu être modifiés par le temps et les hommes ? D'un lieu enfin qui a soutenu plusieurs sièges à des époques différentes[2] ?

Je suis convaincu que l'art s'investir et de prendre une place est soumis à des règles générales qui n'ont jamais varié ; c'est avouer que je ne me permettrai pas moi, simple archéologue, de discuter ce que des militaires expérimentés, et qui connaissent en théorie et en pratique la science des sièges, ont démontré.

A Alise, des fouilles nombreuses, pratiquées autour de la colline qui porte le nom de Mont-Auxois, ont permis de recueillir une grande quantité d'armes et une riche collection de monnaies antiques sur lesquelles je reviendrai dans un instant. Le résultat de ces fouilles a été décrit en détail dans la *Vie de Jules César*[3]. Sans préjuger la question, cet ensemble de faits permet d'affirmer que l'un des sièges d'Alise-Sainte-Reine a en lieu à l'époque de la conquête romaine : on verra que les monnaies elles-mêmes en donnent mathématiquement la date.

En est-il de même à Alaise ? Je réponds franchement : non, et voici mes motifs.

La numismatique révèle à l'historien et à l'archéologue des lois qui sont indiscutables. Je les résume ainsi : 1° la découverte d'une monnaie isolée ne prouve rien ; 2° la découverte authentique d'un grand nombre de monnaies donne la date de l'enfouissement, qui est évidemment celle des pièces les plus récentes ; 3° l'absence complète de monnaies au milieu de débris antiques dénote une antiquité très reculée, une époque à laquelle le numéraire n'était pas employé dans les transactions.

Or à Alaise, au milieu de ces milliers de tumulus, dans ces lieux où tant de Gaulois et de Romains auraient succombé, je constate que l'on a trouvé un si petit nombre de monnaies antiques que leur présence semble indiquer une exception. Je note un potin éduen ou séquane[4] ; un denier de la république

---

aussi vagues à conclure qu'il y avait des grands prêtres forgerons chez les Gaulois, et par conséquent que le culte des Cabires y était établi : d'autres ont voulu faire soit d'Alise, soit d'Alaise des centres religieux : j'ai lu que Al-Issa, la reine-Dieu, Astarté, avait donné son nom à Alise, et que le culte de Ste-Reine n'était qu'un souvenir de la divinité phénicienne ; M. Delacroix, de son côté, a cru reconnaître parmi les lieux-dits d'Alaise tous les noms vénérés des Phéniciens : il paraît convaincu que les Champs-Élysées et les Enfers étaient les centre religieux de la race occidentale qu'il croit avoir retrouvé dans le département du Doubs.

[1] Desjardins, p. 26 et 27.
[2] V. le travail de M. le Capitaine L. Gallotti, *Mém. de la Doc. D'Emul. du Doubs*, IVe série 1er vol., 1865.
[3] Tome II, pages 316 à 323.
[4] Troisième rapport de M. A. Castan, p. 19.

romaine au nom de Q. Fabius Labeo de l'an 653 de Rome[1] ; un statère arverne, mais anépigraphe, au même type que les monnaies sur lesquelles Vercingétorix inscrivit son nom, et par conséquent antérieur à la campagne de l'an 51 [2] ; enfin des bronzes de Néron, Trajan et Marc-Aurèle, exhumés dans une villa gallo-romaine[3] : ces dernières pièces n'ont aucune relation avec le sujet qui nous occupe.

Trois monnaies gauloises, recueillies sur plusieurs kilomètres, représentent un ensemble tellement peu concluant, que je me crois en droit de m'en référer à ma première proposition : la découverte d'une monnaie isolée ne peut servir à établir aucune preuve[4]. J'ajouterai que l'on peut en induire que les populations qui habitaient le plateau d'Alaise existaient à une époque où l'on ne se servait pas de monnaie ; bien plus, que cette population n'y résidait plus lorsque l'usage de la monnaie était établi dans les Gaules. Or, à quelle date fait-on remonter le commencement du monnayage gaulois?

L'origine de ce monnayage remonte à trois sources principales la première est la colonie phocéenne de *Massalia*, fondée environ six siècles avant l'ère chrétienne, et qui, par ses comptoirs et son commerce, répandit l'usage de la monnaie dans la Gaule méridionale ; la seconde source est celle qui procéda des peuplades ibériques, à une date un peu postérieure, mais cependant très reculée ; enfin, vers le IIIe siècle avant l'ère chrétienne, les nombreux statères macédoniens rapportés à la suite des expéditions en Grèce, furent l'origine du monnayage général de la Gaule, qui continua jusqu'à la conquête romaine.

Des populations gauloises sur le territoire duquel on ne trouve pas de monnaies gauloises, doivent donc avoir abandonné ce sol trois siècles au moins avant l'ère chrétienne, deux cent cinquante ans environ avant le siége d'Alésia. C'est le cas du pays d'Alaise, habité, par conséquent, par une autre race que celle des *Sequani* contemporains de César.

L'archéologie vient corroborer ce qu'enseigne la numismatique.

Les fouilles entreprises depuis quelques années, et faites avec soin, permettent d'entrevoir la vérité sur la date de certains objets qui, jusqu'ici, avaient été attribués, soit aux Germains, soit aux Gallo-Romains. Ces fouilles, faites en différents pays, ont donné des résultats analogues et qui permettent de conclure qu'à une haute antiquité — *ces fouilles n'ont pas fourni de monnaies* — l'Europe occidentale était habitée par une population connaissant l'emploi du bronze et du fer, et sachant fabriquer des objets qui révèlent une certaine aptitude artistique. Je citerai particulièrement les nombreux objets recueillis à Hallstatt, dans la Haute-Autriche, en Italie, en Suisse et en France, particulièrement dans le Châlonnais, sur les bords de la Vesle[5].

Eh bien, dans ces diverses régions, les bracelets, les jambières, les boucles d'oreilles, les torques, les garnitures de ceinturons formées de feuilles de bronze

---

[1] Cinquième rapport de M. A. Castan, p. 16.
[2] Desjardins ; F. Prévost, p. 103.
[3] Cinquième rapport de M. Castan.
[4] M. Quicherat, Conclusion pour Alaise, p. 91, parle de quelques potins ramassés non pas dans les tumulus, mais çà et là entre les pierres. Il croyait y reconnaître des monnaies de Santons, mais il est reconnu aujourd'hui que ces potins avaient cours chez les Séquanes et chez les Eduens. V. *Revue Numismatique*, 1846, p. 257 et sqq. ; *Revue archéol.*, 1860, p. 264 et sqq.
[5] Là on peut explorer des sépultures antiques répandues sur plusieurs kilomètres de nombreux objets de cette provenance sont au musée de Saint-Germain.

minces et ornées de dessins exécutés au repoussé, etc., offrent des caractères d'analogie les plus évidents allez au musée de Besançon, si riche en objets recueillis dans le pays d'Alaise par MM. Vuilleret, Delacroix, Castan et Bial, et vous serez frappé de l'identité de ces débris antiques avec ceux qui ont été trouvés à Hallstatt surtout, et avec quelques-uns de ceux qui ont été exhumés dans le Châlonnais, mais qui semblent, cependant, un peu postérieurs[1].

L'archéologie vient donc confirmer ce que nous apprend la numismatique nous pouvons, sans témérité, répéter que le pays d'Alaise, plusieurs siècles avant l'ère chrétienne, était peuplé par une race d'hommes dont les traces peuvent être suivies dans toute l'Europe occidentale ; ajoutons qu'en Franche-Comté, cette race disparut pour faire place aux Sequani contemporains de la conquête. Nous ne trouvons pas de transition entre ces deux peuples, puisque l'absence des monnaies prouve implicitement que ces plateaux, si habités alors, devinrent déserts avant l'établissement du monnayage gaulois. Il est donc évident que ces milliers de tumulus remontent à une haute antiquité, et non à l'époque de la guerre de César.

A Alise-Sainte-Reine, c'est bien différent. Nous sommes maintenant loin du temps où l'on disait que, sur environ 650 monnaies antiques trouvées au Mont-Auxois, une trentaine à peine pouvaient être considérées comme gauloises ; on ajoutait, je ne sais vraiment sur quelles données, que la majeure partie de ces pièces celtiques se rattachait au monnayage local, postérieur à la conquête romaine[2]. Cette dernière proposition est tout simplement une hérésie numismatique.

Il faut naturellement distinguer la provenance des monnaies antiques découvertes dans le pays d'Alise: il y a d'abord celles qui ont été recueillies depuis longues années sur le Mont-Auxois, sur l'emplacement de l'oppidum; il y a ensuite les monnaies qui ont été découvertes par suite de fouilles entreprises dans les alentours du Mont-Auxois pour retrouver les traces du siège.

Sur le Mont-Auxois, on trouve des monnaies gauloises, des monnaies romaines du Haut et du Bas-Empire, de même que des fragments d'architecture et des inscriptions gallo-romains[3].

Ce fait peut s'expliquer facilement. C'est que, depuis l'antiquité jusqu'à nos jours, Alise-Sainte-Reine ne cessa pas d'être une localité habitée : à l'oppidum gaulois succéda une Ville ou castrum gallo-romain[4].

Or l'histoire d'Alésia peut se résumer en quelques mots. Prise par César, pillée et peut-être incendiée, cette place ne disparut pas, puisque, suivant Pline, on y exerçait, à la fin du premier siècle de l'ère chrétienne, l'industrie de plaquer l'argent sur le bronze[5]. Les personnes qui prétendent qu'*Alésia* a complètement disparu après le siège de l'an 51, s'appuient uniquement sur le témoignage de

---

[1] *Le Moniteur de l'Archéologie*, t. I, p. 11 et sqq., art. de M. de Mortillet.
[2] Gley, *Soc. d'émulation des Vosges*, t. IX, 1856.
[3] Rapports de M. Maillard de Chambure sur les fouilles faites à Alise en 1839, *Mém. de la Commission d'archéologie de la Côte-d'Or*, 1841. — Courtépée, *Description historique et topographique du duché de Bourgogne*, article ALISE. — Fr. Lenormant, *Mémoire sur l'Alésia des Commentaires de César, et sur les antiquités d'Alise-Sainte-Reine*, 1860. — G. Charleuf, *Quelques mots sur Alise-Sainte-Reine*, 1863.
[4] M. Bial (*La vérité sur Alise-Sainte-Reine*) reconnaît que cette localité fut une ville gallo-romaine, et auparavant l'un des oppidum les plus antiques de la Gaule.
[5] Cette opinion est adoptée par M. F. Prévost, *Recherches sur le siége d'Alésia*.

Florus[1], le premier qui fasse allusion à ce fait, deux siècles et demi après l'évènement. Florus dit qu'*Alésia* fut détruite par le feu : combien de villes anéanties, à en croire les récits des historiens, et qui peu après étaient encore debout !

Passons maintenant aux monnaies qui ont été recueillies dans les travaux de recherche entrepris pour retrouver les ouvrages des assiégeants. Nous y voyons 134 deniers romains, mais ils sont de l'époque républicaine, et le plus récent est de l'an 54 avant Jésus-Christ[2]. Ajoutons-y de nombreux deniers de bronze gaulois (500 environ), incontestablement antérieurs ou contemporains de l'expédition de César[3]. Il y en a de tous les pays, des *Sequani*, des *Pictones*, des *Massalietes*, des *Arverni* surtout, des *Carnutes*, des *Bituriges*, des *Volcœ*, des *Santones*, etc. On lit sur ces pièces des noms historiques qui sont des dates : Vercingétorix, Tasgèce, Litavicus, Epasnact ; et, l'on ne peut pas avancer que ces monnaies ont été apportées là pour les besoins de la cause, car il y eu a en assez grand nombre qui n'étaient pas connues avant les fouilles d'Alise. On peut copier des pièces antiques, on peut en acheter pour les faire trouver là où l'on veut commettre une supercherie ; mais dans ce cas on ne peut pas avoir des pièces inédites et inconnues dont l'existence n'était pas soupçonnée[4]. Toutes les pièces

---

[1] Voyez plus haut. Je n'ai pas à discuter l'opinion du moine Héric, ni celle du bréviaire de Flavigny, qui sont pour moi des documents sans grande valeur au point de vue de la critique historique.
[2] Ces deniers ont été étudiés et classés par M. le comte de Salis, du British Museum. M. de Salis est arrivé à reconnaître les dates les monnaies romaines antérieures à l'empire, ainsi que les contrées dans lesquelles ces monnaies ont été frappées. Son ouvrage, encore inédit, est destiné à jeter un jour tout nouveau sur la numismatique romaine. Grâce aux travaux de ce savant, on pourra faire servir plus utilement à l'étude de l'histoire ces monuments trop longtemps désignés sous l'appellation très fausse de monnaies consulaires. Les deniers romains découverts dans les travaux militaires qui ont été retrouvés autour du Mont-Auxois, ainsi que les autres trouvailles analogues faites en Gaule, confirment sans aucune exception le système de classification de M. de Salis.
[3] *Histoire de Jules César*, par Napoléon III, t. II, p. 555 et sqq.
[4] Toutes ces monnaies font partie du Cabinet numismatique du Musée de Saint-Germain, où chacun peut les examiner. — Pendant que ces lignes étaient sous presse, une nouvelle brochure paraissait, publiée par M. Léon Fallue, intitulée : Etudes archéologiques sur l'Histoire de Jules César par l'Empereur Napoléon III, et sur la carte officielle des Gaules. (Paris, A. Durand, 1867.) Je n'ai pas à m'occuper, quant à présent, de la critique de l'Histoire de Jules César : mais je ne puis laisser passer, sans protester, les réflexions suggérées à M. Fallue par les découvertes numismatiques faites aux environs du Mont-Auxois.
M. Fallue qui à plusieurs reprises, a pris la plume dans la question d'Alésia, ne parait être aujourd'hui ni pour Alise, ni pour Alaise : Nous prouverons, dit-il (page 83), que n'ayant aucun oppidum à opposer à celui d'Alise-Sainte-Reine, car nos études ne sont pas complètes sur le terrain de ses rivaux, notre rôle est d'accepter provisoirement l'inexplicable camp qu'on nous propose. Mais à ses yeux, toutes les monnaies antiques recueillies dans les fouilles y ont été subrepticement apportées. La spéculation parisienne s'est abattue sur Sainte-Reine, et pour donner plus d'intérêt aux fouilles, mettre en évidence le fameux camp dont on attendait monts et merveilles, on y a trouvé tout ce qu'on a voulu, nous dirons même plus qu'on a voulu, car on a été contraint de congédier la race des découvreurs qui auraient tout envahi. — Si M. Fallue a des preuves certaines de cette supercherie, il rendrait service aux vrais érudits en précisant les faits, et surtout en disant franchement ce qu'il sait de cette race de découvreurs. En échange de ces renseignements, que sa bonne foi ne manquera pas de lui faire donner prochainement, je me permettrai de lui soumettre un avis : M. Fallue ferait bien de feuilleter quelques ouvrages élémentaires relatifs à la numismatique. Il se rendrait compte alors de ce qu'était le sesterce dont il est question au temps de Jules César ; il verrait qu'il n'est pas déjà si facile de s'en procurer ; il ne s'étonnerait pas de ce que, sur un champ de bataille de nos jours, on ne trouve pas de séries de monnaies de Louis XIV à Napoléon III. Il y a peu d'années que le numéraire antérieur à l'époque actuelle a été démonétisé : or, on peut rarement dans sa bourse des monnaies qui n'ont plus cours ; il saurait que les 3 deniers d'argent d'Epasnact et les 59 bronzes du même personnage, recueillis au bas du Mont-Auxois, sont tous antérieurs à la soumission de la Gaule : en un mot, il reconnaîtrait lui-même que

gauloises, et pas une seule romaine, proviennent du camp de Rea, de la rive gauche de l'ancien lit du Rabutin, de la rive gauche de l'Ozerain. Les deniers romains ont été découverts ensemble dans le fossé du camp B de la planche XXV annexée à l'*histoire de Jules César*.

Nous avons vu plus haut que la numismatique, à Alaise, nous faisait remonter à une époque qui est de plusieurs siècles antérieure à la présence de César devant Alésia à Alise-Sainte-Reine, l'archéologie nous permet de reconnaître les traces d'un siège, et la numismatique nous révèle que ce siége eut lieu vers l'an 51 avant Jésus-Christ.

En présence de faits aussi éloquents, il ne me semble pas permis de conclure autrement qu'ainsi de toutes les localités où l'on a proposé de placer Alésia, Alise-Sainte-Reine est la seule qui présente les caractères les plus certains le texte de César, la description des travaux de siège, et les découvertes archéologiques et numismatiques s'accordent à faire accepter cette identification.

Et maintenant, en terminant, je me permettrai de dire aux archéologues de Besançon, que s'ils doivent renoncer à chercher Alésia sur leur territoire, ils n'ont pas à se décourager; ils possèdent, en effet, une mine bien autrement importante à explorer ; ils ont, sur une large étendue, une contrée vierge, qui a conservé des traces nombreuses d'une population dont l'existence n'est véritablement entrevue que depuis le commencement du débat soulevé entre les partisans d'Alise-Sainte-Reine et ceux d'Alaise.

Qu'ils continuent donc leurs fouilles multipliées et intelligentes; qu'ils demandent des révélations aux milliers de tumulus si faciles pour eux à explorer; qu'ils consignent dans des rapports ou des procès-verbaux les résultats de ces explorations ; qu'ils enrichissent leur musée, déjà si important, et fassent tous leurs efforts pour que les objets recueillis à Alaise et dans les environs ne soient pas enlevés au pays. Ils rendront ainsi à la science des services bien autrement fructueux qu'en limitant leur zèle à chercher encore le lieu où Vercingétorix tomba au pouvoir de César.

Nous avons à recueillir des faits, et beaucoup de faits, avant d'essayer de construire un système sérieux sur les différentes races d'hommes qui ont habité le sol que nous foulons : le moment est venu de poser des bases solides, que l'archéologie et la philologie peuvent seules fournir. Le pays d'Alaise peut apporter un riche contingent à l'ensemble des éléments destinés un jour à faire un chapitre de l'histoire de ces populations peu connues qui couvraient encore une partie de l'Europe occidentale, cinq ou siècles avant l'ère chrétienne. Il appartient aux Francs-Comtois de chercher les marques de transition entre cette race et les Gaulois de l'époque de César, entre cette race et les hommes qui l'ont précédée.

Les découvertes à faire, — et qui seront faites, je ne puis en douter, car le zèle et l'érudition ne font pas défaut aux descendants des *Sequani*, — touchent à une

---

ses observations sur ce point tombent d'elles-mêmes. M. Fallue me fait l'effet d'un avocat qui emprunterait ses arguments à un ordre d'idées étranger à ses études du reste il accepte souvent des renseignements sans les contrôler. À propos de la commission de la topographie des Gaules, il avance des allégations faciles à réfuter, et la rend responsable de faits qui lui sont étrangers.

série d'études qui a le mérite de l'actualité. Notre époque a l'honneur de l'avoir inscrite à l'ordre du jour des travaux scientifiques[1].

---

[1] Dans le cours de cette étude, j'ai oublié de noter deux faits qui méritent d'être signalés. L'un touche à la question elle-même, l'autre, bien qu'il lui soit étranger, ne peut cependant être passé sous silence.

Si j'ai rappelé qu'Alise-Sainte-Reine avait été le centre d'une circonscription territoriale très ancienne, j'ai omis d'établir qu'Alaise n'avait jamais rempli cette condition c'est là cependant un fait qu'il est bon de constater. Alaise parait avoir toujours été un obscur village du Warasgau, l'un des trois pagus de la Franche-Comté.

A propos du texte de Florus où il est question des phalères dont Vercingétorix se dépouilla, je dois dire que, tout récemment, un érudit belge, M. Dognée, a proposé de considérer les phalères comme un insigne du commandement particulier aux Gaulois : les Romains les leur auraient empruntées ensuite pour en faire une sorte de décoration militaire. La numismatique gauloise semble fournir des arguments favorables à la conjecture de M. Dognée.